Conocimiento del territorio y cartografía urbana

Reflexiones sobre el mapa como producto cultural

Serie Publicaciones de Cátedra
Facultad de Arquitectura, Planeamiento y Diseño
Universidad Nacional de Rosario

Dr. Héctor Floriani, Decano
Arq. Marcelo Barrale, Vicedecano
Dra. Isabel Martínez de San Vicente, Secretaria Académica
Arq. Cristina Gómez, Sub Secretaria Académica
Arq. Bibiana Ponzini, Sub Secretaria Académica
Dr. Roberto Kawano, Secretario de Investigacion y Posgrado
Arq. Graciela Vallina, Secretaria de Relaciones Universitarias y
Asuntos Estudiantiles
Arq. Alejandro Romagnoli, Secretario de Extensión Universitaria
Arq. Javier Povrzenic, Secretario Técnico
Sr. Antonio Véntola, Director General de Administración

Conocimiento del territorio y cartografía urbana

Reflexiones sobre el mapa como producto cultural

Bibiana Cicutti
DIRECCIÓN DEL TOMO

Facultad de Arquitectura, Planeamiento y Diseño
Universidad Nacional de Rosario

nobuko

Conocimiento del territorio y cartografía urbana: reflexiones sobre el mapa como producto cultural / dirigido por Bibiana Cicutti - 1a ed. - Buenos Aires: Nobuko, 2008.

136 p.: il.; 21×15 cm. (Serie Publicaciones de Cátedra)

ISBN 978-987-584-148-2

1. Arquitectura. 2. Cartografías. I. Bibiana Cicutti, dir.
CDD 720.09

DISEÑO GENERAL
Karina Di Pace

DISEÑO DE TAPA
Andrea Basso

Hecho el depósito que marca la ley 11.723

© 2008 nobuko

ISBN: 978-987-584-148-2

Mayo de 2008

Índice

Prólogo

Los trabajos aquí reunidos recorren diversas regiones de la cartografía. Desde cuestiones relacionadas con la comprensión y el conocimiento de los mapas, las técnicas y lenguajes propios de la disciplina, y de los universos conceptuales relativos al tiempo y lugar en que estos registros fueron producidos, hasta el reconocimiento de casos de transformación del territorio y propuestas de desarrollo turístico cultural.

El interés por su tratamiento se remite al proyecto de investigación *La cartografía como género discursivo: Representaciones y transformaciones de la ciudad en los planos de Rosario (1852-1935)*, que buena parte de los autores venimos desarrollando desde el 2006, así como experiencias previas, entre las que destacamos las V Jornadas Nacionales Espacio, Memoria e Identidad, también de ese año, en el CEEMI, de la Facultad de Humanidades y Artes de la Universidad Nacional de Rosario.

A modo introductorio, *El discurso cartográfico en la comprensión del territorio* inscribe el tema de la cartografía en un ámbito más general, el de los Estudios Culturales, indagando acerca de cómo inciden las representaciones –entre las que incluimos a los mapas– en las transformaciones urbanas. Dos cuestiones básicas se presentan: una, de orden teórico, acerca de pensar la cartografía como un "discurso", y como tal, sujeto a reglas y convenciones, y sobre todo, ceñido a un contexto de producción, tanto como a un contexto de recepción. La otra, de orden metodológico, establece dos planos de análisis: el que se refiere al objeto en sí, de carácter diacrónico, que profundiza tanto en la configuración, encuadre, recorte, etc., como el que indaga en las marcas y señales que, a su vez, habilita el acceso a otro nivel, el de las relaciones asociativas, en el plano de la cultura.

Roberto Kawano nos ofrece con *Ciudad real y ciudad postulada: planos y perspectivas* una mirada centrada en la disciplina del urbanismo atenta a las sintonías/asintonías que pueden registrarse si se comparan los planos y perspectivas de la ciudad de Rosario de mediados del siglo XIX con algunos documentos gráficos análogos de ciudades norteamericanas de la misma época. En principio, dice el autor, pareciera que se tratara "del mismo texto con significados disímiles". Dicho esto, se propone invertir el orden secuencial de la observación de ambas situaciones urbanas, y abrir así, una serie muy rica en interrogantes entre uno y otro caso, entre la ciudad real y la ciudad imaginada.

Otros trabajos se han ocupado de establecer estas genealogías asociativas, no sólo con otros planos, sino con sus protagonistas, estableciendo los puntos de contacto entre los debates acerca de la racionalización y apropiación del territorio, sus posibilidades de transformación y reconocimiento.

El texto *Crisis del campo letrado y producción cartográfica. Notas sobre los planos de la ciudad de Rosario en la obra de Gabriel Carrasco* señala el lugar del intelectual, del protagonista, en la institución de un universo más abarcativo, donde se cruzan la ciencia estadística, la geografía humana, la cuestión ética y moral. Es la presencia permanente de imagen y texto en la obra de Carrasco, decimos con Bibiana Ponzini, lo que la hace particularmente atractiva, en tanto el diálogo que se entabla entre lo que se dice y lo que se muestra y su puesta en relación con otras obras del mismo autor o de otros, nos permiten el acceso a una pluralidad de lecturas en torno a la ciudad y sus registros técnico-documentales.

En el trabajo *Iniciativas oficiales y efectiva transformación del territorio. Los pueblos de Saladillo, Sorrento y Fisherton*, Andrea Basso y Jorge Español recorren parte de la historia de la cartografía urbana de Rosario, ocupándose de la configuración de loteos, pueblos y barrios. Las circunstancias de los pueblos analizados no son equivalentes, dicen los autores, pero en conjunto, evidencian la falta de "vocación" de integración social o morfológica con el núcleo central de la ciudad, situación que obtendrá como respuesta, durante la intendencia de Isidro Quiroga, la demanda de un Plan Regulador que controlara la acción de los "promotores urbanos".

Tomando como referencia la mirada del viajero, Miguel Garrofé incursiona en una posible lectura comparada de las distintas situaciones urbanas de Barcelona y de Rosario, a la vez que introduce sugestivos puentes culturales entre ambas. *La imagen cartográfica y la mirada del viajero. Santiago Rusiñol y el Rosario del 900*, retrata además, la actitud de un artista, evasivo de la realidad moderna y sumergido en la pintura de jardines, que se limita a percibir la uniformidad de una ciudad-mercado que ha cuadriculando la pampa, mimetizando su edilicia, bloqueando el río, y dejando –según su crítica mirada– como único paisaje, el movimiento triguero en su proceso de exportación.

Por último, se presenta una deriva hacia la exploración del territorio como articulación de proyectos de promoción histórico culturales. Gabriel Asorey en *Las Rutas Históricas de Santa Fe como itinerario de Paisajes Culturales de la región* se interesa por Archivos y mapotecas que, a nivel regional, diagraman "rutas" que, como señala, incorporan la noción de "paisaje cultural". Un proyecto sustentable, dice, debe promover el equilibrio entre los factores de crecimiento interno y las externalidades que estos producen, potenciando para ello los recursos autóctonos, como ser el patrimonio en todas sus acepciones, fortaleciendo los recursos humanos disponibles y respetando y dinamizando, a su vez, el tejido socioeconómico, cultural e industrial existente.

Los textos convergen, básicamente, en un aspecto. Todos contribuyen, desde distintos lugares, a la construcción de una historia urbana de la ciudad y se ubican insistentemente, desde los planos de Rosario, sus autores, sus estrategias discursivas, entendiéndolos así como productos culturales, como construcción de significados.

Lejos de proponer un cierre del tema, estos materiales quedan expuestos como disparadores de posibles recorridos, intentando aportar al conocimiento de esta dimensión amplia y cualitativa del discurso cartográfico, aplicable ya sea, en el dictado de las materias curriculares afines, en la rutina de los investigadores, en la valoración y preservación de las piezas documentales como patrimonio cultural, tanto como en su divulgación pública.

Bibiana Cicutti

NOTA: Cada uno de los autores asume absoluta responsabilidad sobre el contenido y fuentes, tanto gráficas como escritas.

El discurso cartográfico en la comprensión del territorio

Bibiana Cicutti

1. Representaciones y transformaciones urbanas

Dentro de la historia cultural, como campo de estudio de amplio desarrollo en las últimas décadas, las representaciones sociales son tomadas como indicios que develan un universo significativo respecto de las acciones proyectuales e intervenciones urbanas. Dicho enfoque nos permite el acceso a una pluralidad de lecturas en torno a la ciudad y sus registros técnico-documentales. Así, es posible efectuar un reconocimiento de las transformaciones materiales de la ciudad y el territorio como productoras de significado, y a su vez, como el producto mismo de ese proceso cultural.[1]

---

1. Parte de este texto se encuentra en: AA VV, *Imágenes y lenguajes cartográficos en las representaciones del espacio y del tiempo: I Simposio iberoamericano de historia de la cartografía*, Carla Lois [et al.], coord. por Carla Lois, 1º. edición Buenos Aires, Universidad de Buenos Aires, Internet. ISBN 950-29-0919-4/ ISBN-10: 950-29-0919-4.

En el ámbito latinoamericano, la contribución de R. Morse y N. García Canclini, entre otros, aportó en su momento, un notable impulso a esta modalidad de abordaje de lo urbano. Como señala este último, los imaginarios han nutrido toda la historia de la ciudad. Sus registros, de distinta naturaleza –literatura, cine, plástica–, establecen continuidades ficcionales o, por el contrario, fragmentaciones según las operaciones de recorte y encuadre que permiten el acceso a la comprensión de la diversidad cultural y sus articulaciones en relación con los múltiples imaginarios que se despliegan. Así, el objeto de estudio se desplaza hacia el modo en que las realidades materiales de la ciudad y del territorio producen significación y son producidas, a su vez, en ese proceso cultural.

Desde esta perspectiva, la ciudad y el territorio resultan sujetos privilegiados para la interrogación de los temas sociales y, de un modo general, se insertan en la trayectoria de los llamados *Cultural Studies*. Si bien, como se ha señalado con insistencia, al colocarse en los márgenes del discurso académico, los estudios culturales, no aceptan –por naturaleza– una definición disciplinar (Alabarces, Follari, Gorelik, Ríos), podemos hablar de una matriz conceptual vinculada a una noción de cultura que se resiste a las concepciones idealistas y que, más bien, se vincula a una teoría materialista repensada a la luz de la revisión de la historiografía marxista propia de los '70. Antireduccionismo, distancia respecto de la "representación lingüística del mundo", alerta frente a una "antropologización y universalización" de lo cultural, etc., tienden a enunciar una comprensión de la cultura "como campo de lucha", remarcando el énfasis político que, por definición, resulta ser la tarea del intelectual. R. Williams señalaba ya en *Marxismo y Literatura* (1977), que la cultura no puede pensarse como un sistema de textos y artefactos, sino en un encuadre tanto antropológico –en el sentido de prácticas culturales–, como histórico de esas prácticas, cuestionando la posibilidad de asignarle un carácter universalizante por medio de conceptos tales como "formación social", "poder cultural", "dominación y regulación", "resistencia y lucha".

Diversos especialistas han destacado la insistencia con que se vienen desarrollando estas cuestiones en los últimos tiempos, particularmente, en Latinoamérica. Entre ellos, Follari (2004), explica el fenómeno como producto de la adaptación de la tradición sajona promovida por la academia estadounidense, coincidente con los rasgos propios de la condición posmoderna: despolitización, teoricismo excluyente, aceptación acrítica de la cultura de masas, etc., rasgos posibles de ser reconocidos –con excepciones– como una tendencia más general que involucra al conjunto de las ciencias sociales. Con todo, las críticas apuntan a la imposibilidad de transferir "operativamente" sus resultados a la formulación de prácticas políticas en la ciudad contemporánea (si es que esto fuera deseable) o, en última instancia, al hecho de ofrecer un espacio intelectualizado, funcional a la política del sistema.

Ante el descrédito del discurso tecnológico y de las posibilidades del "control" urbano, observadores de la ciudad contemporánea (De Certeau, Jameson, Sennett, Soja) han colocado su atención en las maneras de practicar el espacio urbano que escapan a la visión de los técnicos y urbanistas, y en la dificultad de éstos para articular en sus intervenciones, los sistemas culturales. Desde distintos enfoques, estos autores coinciden en la necesidad de formular cartografías vinculadas a la experiencia del habitar en términos antropológicos, históricos y relacionales. *"De un lado se encuentra lo que permanece; del otro, lo que se inventa"*, de este modo, dice De Certeau (1994), es en las irrupciones, las desviaciones, los márgenes desde donde los individuos reinscriben las prácticas urbanas, donde el habitante construye sus mapas. Tanto los *"mapas cognitivos"* de Jameson (1991) como los *"espacios narrativos"* de R. Sennett (1992) remiten también a la formulación de desplazamientos, donde la ambigüedad y las sorpresas no deberían cancelarse con la intervención del planificador urbano.

A su vez, desde el abordaje específico de la representación gráfica, vemos que la cartografía urbana desempeña un rol significativo dentro de las *"formas de conocimiento, control y prefiguración de la ciudad"*, tanto en lo que respecta a su *"forma material"*, delimitaciones territoriales, subdivisión de la tierra, etc., como en la incidencia en los modos de cartografiar la ciudad y el territorio y en las modalidades de percepción y actuación de sus agentes sociales. (Favelukes: 2003).

Históricamente, la construcción de mapas, descripciones geográficas, registros topográficos, etc., estuvieron vinculados a la necesidad de exploración y apropiación del territorio. Desde los mapas portulanos a los planos convencionales de la legislación napoleónica, la representación gráfica de la superficie terrestre pretende mensurar, someter el espacio geográfico a las leyes geométricas del dibujo, estableciendo límites y formas, en relación a la disposición de los itinerarios comerciales, la expansión militar y la apropiación territorial. Como instrumento jurídico-legal, el plano se traduce en una pretendida "cientificidad", que da lugar a una progresiva convencionalización y puesta en discurso de la creciente profesionalización de la disciplina.

A nivel nacional, la mirada cultural de la cartografía emerge como objeto de estudio en los últimos años (Silvestri, Gorelick, Aliata, Williams, etc.) a los que se agregan los trabajos que desde la noción de paisaje, frontera, territorio, etc., vienen abonando esta corriente, por ejemplo, en las últimas reuniones de Interescuelas de Departamentos de Historia (Córdoba, Rosario) y del Instituto de Geografía de la Facultad. de Filosofía y Letras (Buenos Aires).

Los estudios urbanísticos sobre Rosario, ya sea desde el plano de la disciplina como de la historia urbana, acreditan una importante base documental. De los pioneros señalamos la serie de artículos "Planos de Rosario", de M. A. Bergnia de Córdoba Lutges (*La Capital*, 1959). En ellos se realiza la primera recopilación sistematizada –sin imágenes– y su análisis en base a la propiedad de la tierra organizados en "Antecedentes topográficos de Rosario hasta 1850" que compila mensuras y deslindes y "Planos de Rosario, orden cronológico de aparición", que reúne planos municipales y otros no oficiales, incluyendo un apéndice –no del todo exhaustivo– referido a la producción de otras reparticiones y también, a planos Panorámicos.

A este trabajo se suman las minuciosas investigaciones de la misma autora y de historiadores como W. Mikielevich, O. L. Ensink, etc., publicadas en la revista *Historia de Rosario,* así como los trabajos de D. Locatelli, A. Montes (cuyo archivo se encuentra en biblioteca de la Facultad de Arquitectura, Planeamiento y Diseño, UNR) y O. Mongsfeld (Prefectura del Gran Rosario /CEUR).

Sobre esta base documental se desarrollaron posteriormente trabajos tales como *La formación de la estructura colectiva de la ciudad de Rosario* (1985) de Isabel Martínez de San Vicente que, avanzando en la contribución a una teoría explicativa de los hechos urbanos de "reciente formación", reordena y aumenta la documentación existente, incorporando relatos de viajeros y "reconstrucciones" a las categorías antes mencionadas. Este escrito constituye uno de los primeros y principales de una serie producida por investigadores del CURDIUR y otros docentes de la FAPyD.

Nuestro interés se extiende sobre una zona menos explorada. Si bien la disciplina urbanística se ocupa del manejo de la representación bidimensional y de la información técnica de lo que generalmente denominamos "cartografía", el objeto mismo –los planos–, ofrece un registro de alta resonancia. La naturaleza discursiva de los planos nos impone la construcción del sujeto: el que construye y el que lo mira. Este conocimiento sensible nos habilita otras lecturas en el plano de las representaciones y su vinculación con otros saberes y prácticas.

En la medida que históricamente estos registros del espacio geográfico se convierten en dispositivos de visibilidad y control, es posible efectuar una contribución al desarrollo de la teoría social con que éstos se sustentaron y se sustentan hoy en día. En la actualidad, y cada vez con más frecuencia, se requiere de estudios sociales de esta naturaleza al tiempo de "calificar" y "redimensionar" el dato técnico, estadístico o para indagar los mecanismos de funcionamiento, recurrencia y regularidad de las representaciones sociales que, en definitiva, son las que producen y se nutren del espacio urbano.

Es la renuncia a la idea de *Plan Urbano* como instrumento taxativo de ordenamiento y control de la organización social, lo que demanda –desde distintas esferas– la necesidad de profundizar estas indagaciones para la formulación de estrategias comunicacionales, determinación de agendas de proyectos, etc.

2. El plano como objeto de interrogación

La preocupación por el conocimiento de la ciudad desde la experiencia urbana y sus representaciones, puede rastrearse en la relectura de los textos de W. Benjamin, promovida en las últimas décadas desde los Estudios Culturales que comentamos más arriba, lo que impulsó la renuncia a la idea de que las representaciones son algo "subjetivo" y, contrariamente, que las prácticas materiales son "objetivas". Más bien, como sugiere en esta dirección R. Chartier, debemos considerar que no hay práctica ni estructura que no sea producida por las representaciones por las cuales los individuos le dan sentido al mundo que le es propio. Por lo tanto, las imágenes no se reducen a un complemento o ilustración del discurso económico, sociológico o político. Se trata –aunque conscientes de la necesidad de generar los instrumentos metodológicos adecuados–, de legitimar la propia identidad del mensaje visual, de la búsqueda de sentido en la obra misma (CHARTIER, 1996).

Partimos, además, de considerar que debido a su condición activa y productiva, estas particulares representaciones de los fenómenos urbanos que son los planos, construyen una visión del mundo a partir de los recortes y remisiones que producen, a la mediación de los dispositivos que este género pone en juego, y a las familias discursivas que se asocian y constituyen genealogías que atraviesan el contexto espacio temporal. Dentro de este marco conceptual, en el tratamiento de las piezas se debe poner especial atención, no sólo en la observación de la superficie de la imagen y su configuración –recursos argumentativos implícitos o explícitos y tematizaciones– sino en el estudio de las variaciones que se manifiestan en el tiempo tendiendo a circunscribir los comportamientos, las restricciones, los modos de visibilidad de cada época.

Pensar la cartografía como género discursivo, implica una aproximación técnica a lo urbano pero que, como todo enunciado o conjunto de enunciados, inscribe marcas (encuadre, tipografía, señales, convenciones) que dan cuenta de la subjetividad, esto es, de un sujeto que construye el plano y de un público al cual se dirige y ante el cual expone una lectura de la ciudad; que a su vez remite a otros documentos y construye un discurso. Utilizamos el término "enunciado" como "construcción de lugares" por parte de quien lo produce y "enunciación", como lo define E. Benveniste, como la puesta en funcionamiento de la lengua por un acto individual de utilización:

> *"El acto individual por el cual se utiliza la lengua introduce primero el locutor como parámetro en las construcciones necesarias para la enunciación. Antes de la enunciación, la lengua no es más que la posibilidad de lengua. Después de la enunciación, la lengua se efectúa en una instancia de discurso..."* (BENVENISTE, 1978).

Con mayor o menor grado, los documentos cartográficos implican una modalidad de despliegue que podría tentativamente asimilarse, por un lado, a lo que J. M. Schaeffer –refiriéndose al dispositivo fotográfico– denomina "traza", donde las posibilidades de interpretación se manifiestan si se tiene el saber que permite adjudicarle el sentido –la planimetría con su código de representación bidimensional, la geografía, la navegación, etc.–, y al mismo tiempo, considerar cada pieza como la "enunciación" de ciertas marcas de subjetividad que emergen del experto que construye el plano deslizando su propia carga ideológica y saberes incorporados en su disciplina, posicionándose frente al grupo que lo convoca y al contexto de la época (SCHAEFFER, 1990).

Además, cada uno de ellos articula una red que los incluye y donde cada uno adquiere sentido en relación a otros. Entendemos que no es posible considerarlos en sí mismos una unidad de sentido como totalidad orgánica, sino en su puesta en obra dentro de la serie, la cual, más que la secuencia lineal de la transformación del territorio, nos informa sobre un entramado de ideas sobre la ciudad considerado plausible. Tampoco estos documentos nos ofrecen un protocolo de verdad, ni aún en los que se presentan como tales, ya que la distancia entre lo real y lo aparente, entre lo planeado y lo realmente concretado, no siempre es del todo apreciable.

Nuestro interés se circunscribe entonces, a la confluencia de los materiales cartográficos con los paradigmas explicativos de la ciudad que, a nivel conjetural, se le asigna a cada uno de ellos. Estos paradigmas explicativos tienen que ver, a nuestro entender, con las representaciones las cuales contribuyeron funcionalmente a los procesos que transformaron a Rosario. Más que a los planos, nos interesa referirnos a lo que ellos "dicen" (o a lo que "no dicen") y a "lo que se dice de ellos", a la percepción de la ciudad a través del plano, a las teorías, a los nombres propios, a las instituciones que cada uno enlaza. Es por ello que se le asigna a la representación (texto/imagen) una doble función: *"hacer presente una ausencia, pero también exhibir su propia presencia como imagen y constituir con ello a quien mira como sujeto mirando"* (CHARTIER, 1996).

Como señalamos más arriba, el "discurso cartográfico" tiene una condición productiva, que radica en la posibilidad de remitirlo a una o varias familias asociativas: "la ciudad de la regularidad y la geometría", "la ciudad funcional", "la noción de centro", etc., estableciendo relaciones de recurrencia, continuidad, regularidad o ruptura dentro del grupo. A su vez, recuperando la vinculación temprana de la geografía con el arte, podremos explorar no sólo por el carácter "pictórico" propio de los tempranos documentos, sino el contexto de producción, con la participación efectiva de pintores, litógrafos y grabadores que imprimieron en sus dibujos sus códigos, técnicas y modalidades de percepción de la realidad.

En definitiva, esta perspectiva se propone contribuir a la construcción de una historia de la ciudad, ubicándose desde los planos de Rosario, entendidos como producto cultural, como construcción de significados: un espacio móvil donde la capacidad creativa de los sujetos, ya sean individuales o colectivos, con las restricciones y convenciones que limitan lo pensable y lo decible, construye lugares de posibilidad.

Bibliografía

Benveniste, E. (1978): "El aparato formal de la enunciación" en *Problemas de lingüística general*, México, SXXI.

Cicutti, B. (2007): *Registros urbanos de una modernidad periférica. Representaciones y transformaciones urbanas en el frente costero de Rosario*. Buenos Aires, Nobuko.

Chartier, R. (1996): *El mundo como representación. Historia cultural, entre práctica y representación*, Barcelona, Gedisa.

De Certeau, M. (1994): *La cultura en plural*, Buenos Aires, Nueva Visión.

Favelukes, G. (2003): "La cartografía urbana en la modernización temprana de Buenos Aires", en: Interescuelas Departamentos de Historia., ed. CD, Córdoba, UNC.

Follari, R. 2004: "Expansión de los estudios culturales y su constitución en objeto de estudio" en Follari, R. (coord.): *La proliferación de los signos. La teoría social en los tiempos de globalización*, Rosario, Homo Sapiens.

García Canclini, N. (1996): *La ciudad de los viajeros. Travesías e imaginarios urbanos: México 1940-2000*, México, Grijalbo, 1996.

Gorelik, A. (2004): "Imaginarios urbanos e imaginación urbana", en: *Miradas sobre Buenos Aires. Historia cultural y crítica urbana*, Buenos Aires, S. XXI.

Schaeffer, J. M. (1990): *La imagen precaria del dispositivo fotográfico*, Madrid, Cátedra.

Ciudad real y ciudad postulada: planos y perspectivas

Roberto Kawano

En "Pierre Menard, autor del Quijote", Borges expone la hipótesis de que un mismo texto –*El ingenioso hidalgo Don Quijote de la Mancha*–, escrito dos veces por dos personas distintas, pueda asumir diversos significados debido a las experiencias que definen las vidas de los autores respectivos. Así, sostiene Borges, el original de Cervantes podría permanecer como el producto paradigmático de un novelista español popular del siglo XVII, y la fragmentaria, posterior e idéntica versión de Menard absorbería la carga inevitable de los trescientos años transcurridos entre escritura y reescritura, revelándose como un trabajo mucho más rico para algunos, más ambiguo para otros, o como una mera transcripción del original para los menos perspicaces (BORGES, 1974: 444).

Del mismo modo, si se comparan los planos y perspectivas de la ciudad de Rosario de mediados del siglo XIX con algunos

San Francisco, California, 1849. Grabado de J. Clark.
Fuente: *Dorothy Sloan - Books.*
URL:http://www.dsloan.com/Auctions/A15/A15Web29-32.htm

San Francisco, California, 1849. Dibujo de Henry Firks.
Fuente: *San Francisco Genealogy.*
URL: http://www.sfgenealogy.com/sf/history/hgviews.htm

documentos gráficos análogos de algunas ciudades norteamericanas de la misma época, quizás se pueda tener la impresión de estar "leyendo" el mismo texto con significados disímiles.

Tomemos, por ejemplo, algunos gráficos de 1849 que muestran a la ciudad de San Francisco en California: el grabado de J. Clark que aparece en el papel de carta utilizado por las oficinas de la Aduana de los Estados Unidos en San Francisco; el dibujo –*"drawn on the spot"*– de Henry Firks; la perspectiva anónima publicada recién en 1912 en *The Beginnings of San Francisco* de Zoeth Skinner Eldredge; y el mapa oficial realizado por el agrimensor William M. Eddy.

En el dibujo del libro de Eldredge se muestra Montgomery Street hacia el norte desde California Street; las perspectivas de Clark y de Firks hacen foco en la isla de Yerba Buena y en la bahía atestada de embarcaciones. Las tres imágenes dan cuenta de una ciudad que no es otra cosa que un mero asentamiento de numerosas tiendas y no más de cien edificios, que apenas si supera las cuarenta hectáreas. Sólo en la ilustración de Clark, a partir de una serie de calles que se dirige hacia la costa, es posible intuir algo parecido a una estructura en damero.

Por su parte, el plano de Eddy ofrece una visión opuesta. Una ciudad de más de setecientas hectáreas que resulta de la

San Francisco, California, 1849.
Perspectiva anónima.
Fuente: *San Francisco Genealogy.*
URL:http://www.sfgenealogy.com/sf/
history/hgviews.htm

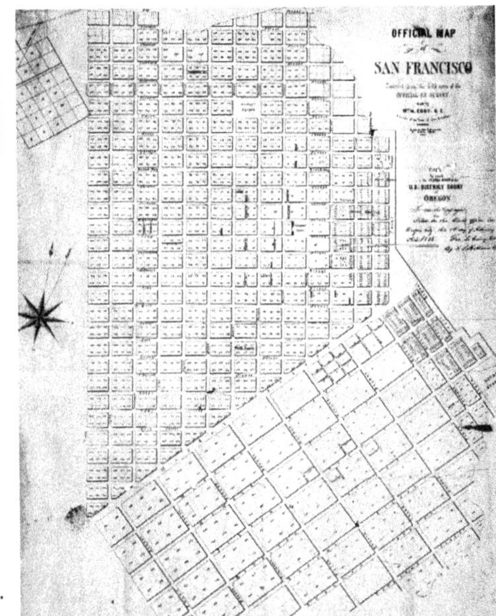

San Francisco, California, 1849.
Mapa oficial de William M. Hedí.
Fuente: *End of the Oregon Trail.*
URL: http://www.endoftheoregontrail.
org/maplibrary/sflettrs.html

combinación de dos retículas más o menos homogéneas. Al norte de Market Street, la retícula, con una orientación casi perfecta Norte-Sur, abarca doscientos cuarenta y una manzanas de 112 × 56 metros, veintidós de 56 × 56 metros sobre la bahía y ocho manzanas triangulares sobre Market Street. Al sur de esta calle, la retícula se conforma por cinco manzanas de 150 × 150 metros, cuarenta y cuatro de 225 × 150 metros y, sobre la bahía, once manzanas de 150 × 75 metros y dos de 150 × 37,5 metros.

Acaso el único dato en común que se ve tanto en el plano como en las perspectivas, sea la absoluta irrelevancia del objeto arquitectónico como elemento potencialmente estructurador de la forma urbana.

En *Beyond the Mississippi, From the Great River to the Great Ocean*, de 1867, el periodista norteamericano Albert Deane

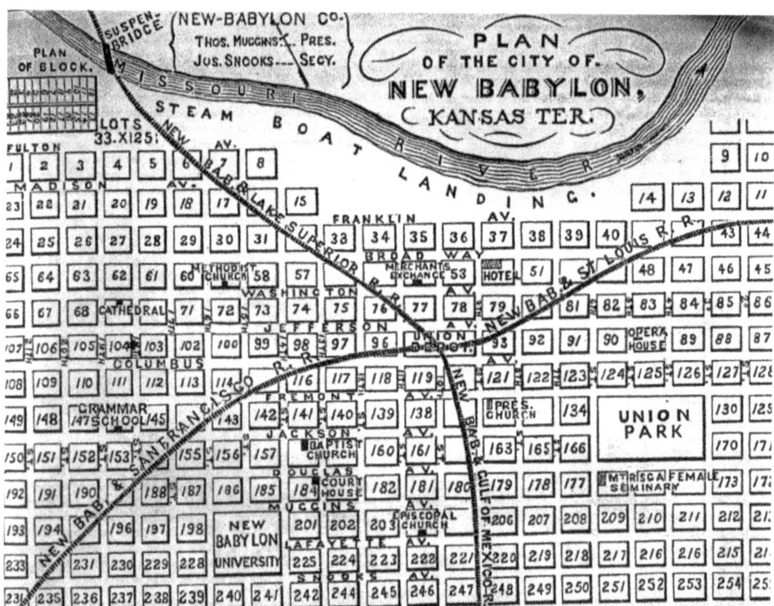

New Babylon en el papel. 1867. Fuente: REPS, J. (1965).

New Babylon en los hechos. 1867. Fuente: REPS, J. (1965).

Richardson expone dos imágenes de una ciudad imaginaria en Kansas Territory, New Babylon (REPS, 1965: 364). La primera –*The City of New Babylon on Paper*– muestra una ciudad de aproximadamente doscientos cincuenta manzanas con todos los equipamientos e infraestructuras necesarios: escuelas, iglesias, juzgado, universidad, seminario, hotel, teatro, mercado, parque, redes ferroviarias. En la segunda imagen –*The City of New Babylon in Fact*– se ve la "verdadera" New Babylon: dos cabañas, una carpa, dos vacas, dos hombres, un perro... A través de este par de láminas, Richardson hace explícito un desfase entre la ciudad "que es" y la que "podría ser" –un indicio gráfico del modo especulativo de concebir los hechos urbanos.

Ya Dickens había intuido este desfase veinticinco años antes cuando, en su paso por la ciudad norteamericana de Cairo, encontraba la inspiración para su ciudad de Eden, tan pujante en el plano y tan desolada en los hechos, como bien lo muestran los dibujos de Phiz de la edición original de su libro de 1843 *Life and Adventures of Martin Chuzzlewit*. No obstante, en no pocos casos los dibujos proyectan una extensión que no es totalmente desmentida por la realidad. Tal es el caso del plano y la pintura de Sacramento City, California, realizados en 1849 con escasos meses de diferencia. En el corto lapso de tiempo que separa las realizaciones de ambos dibujos, la ciudad alcanzó una extensión aproximada de una milla cuadrada y una población algo menor a los diez mil habitantes –dimensiones que, si bien son duplicadas por la hipótesis del plano, suponen un crecimiento sorprendente en relación a la visión del cuadro.[1]

---

1. En *El Darado* (New York, 1850), Bayard Taylor escribe: "*Los límites de la ciudad se extendían a casi una milla cuadrada, y el número de los habitantes, en tiendas y casas, era de un poco menos de diez mil. ¡En abril previo había sólo cuatro casas en el lugar! ¿Puede el mundo contener semejante crecimiento?*" (REPS, 1965: 308).

Eden en el papel. Ilustración de Phiz, 1843.
Fuente: Reps, J. (1965).

Eden en los hechos. Ilustración de Phiz, 1843.
Fuente: Reps, J. (1965).

Vista de Sacramento City, California, 1849. Fuente: Reps, J. (1965).

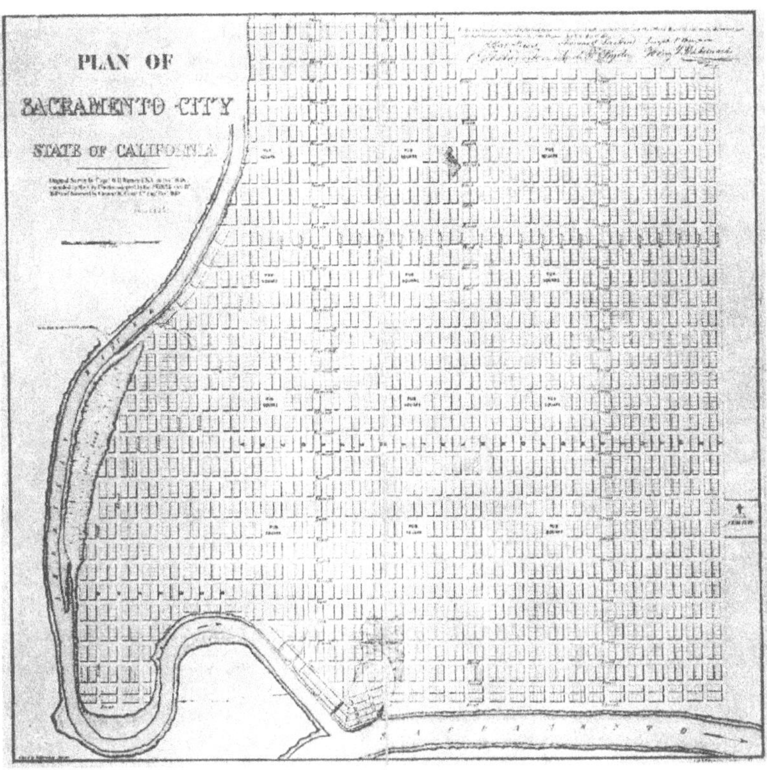

Plano de Sacramento City, California, 1849. Fuente: REPS, J. (1965).

A simple vista, en todos los casos presentados el par "mapavista" da cuenta de un salto cuantitativo según el cual el plano muestra una ciudad con una extensión y una regularidad que la imagen perspectivada ni siquiera logra emular. Pero no se trata sólo de esto: estos dibujos son indicios gráficos que delatan una concepción verdaderamente pragmática de lo urbano, según la cual la ciudad no se define por lo que es, sino por lo que puede llegar a ser.[2]

---

2. Tal cual observara Bertrand Russell (1985: 112), dentro de una perspectiva pragmática, el verdadero significado de una idea debe buscarse a partir de las acciones a las que conduce.

Además, son imágenes que testifican el modo según el cual el *pionner* ve al territorio como posibilidad funcional al carácter especulativo de la *grid*, entendida como una herramienta para la conquista y la transformación del entorno,[3] como un medio eficaz para domesticar política y comercialmente la naturaleza salvaje, desconociendo todo atisbo de sensibilidad hacia las cualidades topográficas y estéticas (ESPERDY, s.f.: 11-12). Tal cual sostenía Martínez Estrada (1986: 106), al *pioneer* la naturaleza le indicaba:

> *"... el método más bien que el itinerario* [...]. *Volteaba la selva, tendía puentes, labraba teniendo en cuenta esa unidad social y religiosa que ampliaba* [...]; *alejarse no era separarse, sino unirse.* [Su] *arma circunstancial era la herramienta del trabajo cotidiano".*

El desfase narrativo entre plano y perspectiva no es privativo del contexto norteamericano, como lo muestran la distintas visiones de Rosario que ofrecen algunas representaciones pictóricas y cartográficas de la segunda mitad del siglo XIX.

Por ejemplo, el plano de Rosario de Nicolás Grondona de julio de 1858 muestra una ciudad de doscientas veinticuatro manzanas, *"muchas más de las que pudo haber edificadas para esa fecha"* según Juan Álvarez (1998: 282), para quien la extensión sobredimensionada del dibujo refleja el explosivo crecimiento que Rosario experimentó a partir de su designación como ciudad en 1852 –dato del que daba cuenta el censo provincial del 15 de abril de 1858, según el cual Rosario, con 22.492 habitantes, había pasado a ser el principal núcleo urbano de la provincia, con una

---

3. *"La sensibilidad pastoral, como bien lo indicó Leo Marx, convive aún en Estados Unidos con la interpretación puritana que precede a una transformación radical de la naturaleza; Thoreau convive con Ford"* (VARAS, 2000: 29).

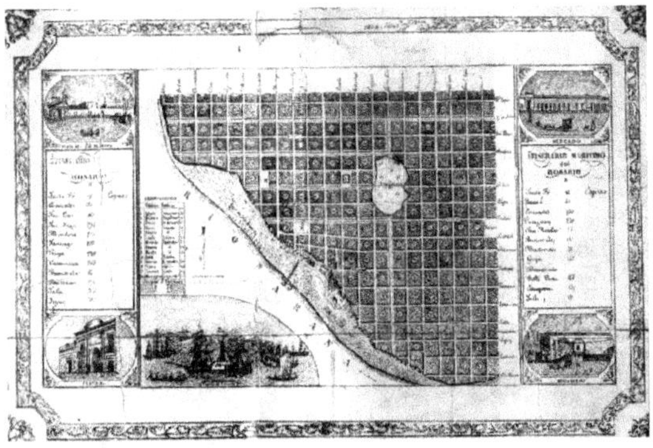

Rosario, 1858. Plano de Nicolás Grondona.
Fuente: Museo de la Ciudad, archivo digital, Municipalidad de Rosario.

Rosario, 1858. Acuarela de Brayer
Fuente: AA.VV., La Historia de Rosario. Tomo 1: Economía y sociedad, Rosario, Homo Sapiens Ediciones, 2001.

población mayor que las de Santa Fe (10.744), San Gerónimo (4.838) y San José (2.463) tomadas en conjunto (ÁLVAREZ, 1998: 296). Pero, a despecho de este escenario cambiante, la acuarela de Brayer del mismo año muestra desde el río un paisaje urbano ajeno a toda visión anticipatoria, desmintiendo de manera categórica el "optimismo" del plano de Grondona.

Y esta fractura entre la "realidad" y su representación se acentúa aún más cuando se contrastan las imágenes fijadas por el grabado de Fleuti y el plano también de Grondona, ambos de 1875.

Rosario, 1875. Grabado de Fleuti. Fuente: AA.VV., Todo Rosario 2, Rosario, Juan Carlos Caride / María Cristina Butteri - Editores, 1992.

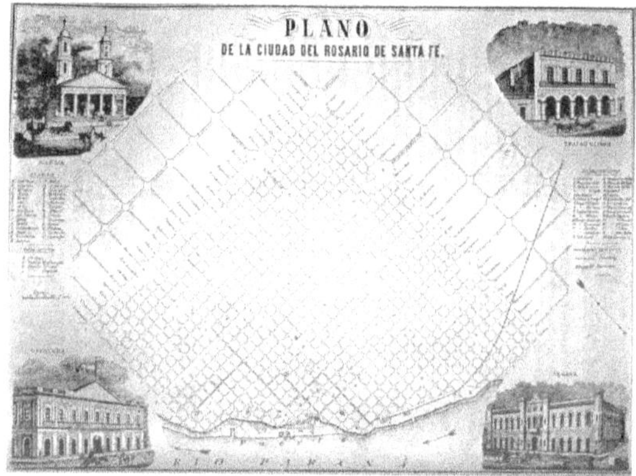

Rosario, 1875. Plano de Nicolás Grondona.
Fuente: ÁLVAREZ, J. (1998).

Si, en comparación con la acuarela de Brayer o con la perspectiva de 1865 de Hutchinson, el grabado de Fleuti da un claro testimonio del continuo crecimiento de Rosario, el nuevo plano de Grondona, con sus setecientos cincuenta manzanas, no sólo postula una extensión inusitada, sino que además propone ciertas "reformas" en la grilla que ni siquiera tendrían lugar en futuras ampliaciones de la planta urbana, a saber: una serie de aproximadamente veinte

Rosario, 1865. Perspectiva de Hutchinson. Fuente: ÁLVAREZ, J. (1998).

plazas dispuestas con alguna regularidad, y una "suburbia" de extensión indefinida compuesta por grandes manzanas de superficie dieciocho veces mayor a la de las manzanas existentes.

Vale la pena aclarar que entre 1853 y 1898 –los cuarenta y cinco años que separan el primer plano de Rosario, atribuido a Timoteo Guillón, y el plano oficializado durante la intendencia de Alberto J. Paz– no hay registros cartográficos que den cuenta de cómo era efectivamente la ciudad. Con la excepción de algunos documentos muy específicos como la carta náutica del almirantazgo inglés de 1847 o el plano del ingeniero norteamericano Allan Campbell de 1855, todos los planos de este período muestran una ciudad hipotética, tanto por la presencia de proyectos no realizados como por la extensión de la planta urbana. Entre estos planos, se destacan los de Timoteo Guillón (1853), Nicolás Grondona (1853), Mariano y Nicolás Grondona (1854-1855), Félix C. Martínez (1867), Nicolás Grondona (1871), Manuel Coll (1873), Nicolás

Grondona (1875), José Müller (1883), Müller y Woelflin (1886), J. Poisson y G. Erausquin (1886), Gabriel Carrasco (1887), Francisco Marcelino (1888), Rodolfo A. Warner y Vicente Pusso (1890).[4]

Puede resultar paradójico que, frente a la visión realista del *artista*, sea la visión del *tecnócrata* la encargada de insuflar un aire de "fantasía" sobre las potencialidades de estos incipientes centros urbanos; sin embargo, esta aparente contradicción es un claro síntoma de las descarnadas lógicas prosaicas según las cuales se van estructurando las jóvenes ciudades del norte y del sur del continente. Aún así, mientras parece no haber demasiadas dudas sobre la idea de ciudad que subyace bajo los distintos planos –tanto en Norteamérica como en Sudamérica–, tal vez sea posible especular con interpretaciones más ambiguas en lo que hace a las ideas implícitas en las representaciones pictóricas.

En *Delirious New York*, por ejemplo, Rem Koolhaas se refiere a un grabado de 1672 que ofrece una perspectiva "a vuelo de pájaro" de Nowel Amsterdam –la futura Manhattan. Se trata de un dibujo:

> *"... completamente falso* [en el que todos] *los componentes del grabado son europeos; pero, al estar apartados de su contexto y transplantados en una isla mítica, se reorganizan en un todo irreconocible y, al mismo tiempo, de una gran precisión: una Europa utópica, producto de la compresión y la densidad."* (KOOLHAAS, 1994: 15)

Para el arquitecto holandés, esta imagen termina funcionando como una descripción, quizás no intencionada, de una idea de ciudad que toma al sitio natural como página en blanco

---

4. Suele tomarse como el primer plano de Rosario a la mensura de Raimundo Prat de 1850, aunque no se trate más que de un gráfico destinado a la resolución de un juicio sucesorio (BERGNIA DE CÓRDOBA LUTGES: 1959).

capaz de albergar prácticamente cualquier proyecto civilizatorio –*ergo*, cualquier proyecto urbano.[5] Desde este punto de vista, el "imaginativo" grabado anticiparía en términos pictóricos el pragmatismo transformador y especulativo expresado dos siglos después en los planos norteamericanos hasta aquí vistos.

El patrimonio pictórico sudamericano, por su parte, se presenta como un campo no demasiado fértil para este tipo de indagaciones. En este sentido, Varas (2000: 29) resalta la pobreza del acervo plástico argentino, que no es privativa de la producción del siglo XIX:

> *"sino que el siglo XX también arrastra una cultura* muda *en* figuraciones [lo que refuerza] *el lugar de la literatura para la constitución de las convenciones paisajísticas que veremos desplegarse en este siglo y en muchos casos permanecer hasta hoy".*

Si esto es así, para comprender el significado de la distancia que media entre los planos y las pinturas de Rosario, acaso sea inevitable recurrir al texto que por primera vez condensa el modo en que la tradición vernácula históricamente se ha enfrentado a la pampa, condicionando todo tipo de manifestación cultural directa o indirectamente relacionada con este paisaje. Nos estamos refiriendo, naturalmente, al *Facundo* de Sarmiento,[6] obra de 1845 cuya primera parte describe, o mejor dicho inventa el paisaje pampeano,

---

5. En realidad, se trata de un grabado de Lisboa realizado por Gerard Jollain, ligeramente revisado para ser vendido en Europa como un legítimo mapa de Nueva Amsterdam –una práctica no inusual durante los siglos XVI y XVII–, lo que no invalida del todo la argumentación de Koolhaas.

6. Según Varas (2000: 35), es increíble que Sarmiento aún no hubiese visitado la pampa al escribir sobre ella, porque su contribución a la definición de la misma como paisaje es tan decisiva en el imaginario colectivo, que eclipsa todas las desmitificaciones "científicas" posteriores.

resaltando cómo dos de sus características esenciales –su capacidad para condicionar fatídicamente la cultura,[7] y la aureola ominosa de la extensión indefinida–[8] interactúan fuertemente con los asentamientos urbanos, imprimiendo en la cultura argentina una idea de ciudad que está en las antípodas del ideal pragmático especulativo norteamericano.

> *"Las ciudades argentinas tienen la fisonomía regular de casi todas las ciudades americanas: sus calles cortadas en ángulos rectos, su población diseminada en una ancha superficie, si se exceptúa a Córdoba, que edificada en corto y limitado recinto, tiene todas las apariencias de una ciudad europea [...]. La ciudad capital de las provincias pastoras existe algunas veces ella sola sin ciudades menores, y no falta alguna en que el terreno inculto llegue hasta ligarse con las calles. El desierto las circunda a más o menos distancia, las cerca, las oprime; la naturaleza salvaje las reduce a unos estrechos oasis de civilización enclavados en un llano inculto de centenares de millas cuadradas, apenas interrumpido por una que otra villa de consideración."* (SARMIENTO, 1845)

---

7. Sarmiento introduce al personaje central, Facundo Quiroga, recién en el segundo tramo del libro, cuya estructura está concebida de modo tal que la primera parte revele a la segunda –*ergo*, que el paisaje revele al personaje, siguiendo la tradición iniciada por Montesquieu en *El espíritu de las leyes*.

8. *"El mal que aqueja a la República Argentina es la extensión: el desierto la rodea por todas partes y se le insinúa en las entrañas; la soledad, el despoblado sin una habitación humana, son, por lo general, los límites incuestionables entre unas y otras provincias. Allí la inmensidad por todas partes: inmensa la llanura, inmensos los bosques, inmensos los ríos, el horizonte siempre incierto, siempre confundiéndose con la tierra, entre celajes y vapores tenues, que no dejan, en la lejana perspectiva, señalar el punto en que el mundo acaba y principia el cielo. Al sud y al norte acéchanla los salvajes, que aguardan las noches de luna para caer, cual enjambre de hienas, sobre los ganados que pacen en los campos y sobre las indefensas poblaciones"* (SARMIENTO, 1845).

Partiendo del carácter eminentemente mercantil de la dinámica urbana americana, Richard Morse (1975: 271) realizó una distinción basada en el contraste entre el espíritu *emprendedor* de la ciudad norteamericana y el espíritu *negociante* de la ciudad latinoamericana. Análogamente, las relaciones entre *urbis* y *natura* parafrasean esta dicotomía. Si en el caso norteamericano, la cualidad dispersa e inacabada de la ciudad estaría revelando un fuerte compromiso con una voluntad de transformación de la naturaleza, en la pampa *sarmientina*, este carácter informe sería un reflejo de la sumisión de la ciudad –y de todo producto cultural– ante las potencias *ctónicas*.

A casi un siglo de la primera edición del libro de Sarmiento, esta visión fatídica de lo urbano seguía presente en textos como *Radiografía de la pampa*, en donde Martínez Estrada (1986: 106) resaltaba cómo el pueblo pampeano *"está sitiado por el campo, enquistado y reducido a un curioso caso de mimetismo"*. A diferencia de la ciudad especulativa norteamericana, la pampeana no se extiende sobre el territorio: éste la penetra y erosiona hasta confundirse en un *continuum* insoportable.

> *"El campo entra por las calles y por los terrenos con los yuyos* [que] *son los heraldos con que el campo anuncia su lenta, infatigable invasión* [...]. *El campo llega hasta el patio y el patio entra hasta la cama."* (MARTÍNEZ ESTRADA, 1986: 101)

Resulta al menos sugestivo comparar este discurso con otro contemporáneo y también referido a la ciudad, como es el de Frank Lloyd Wright que, en sus argumentaciones a favor de su *Broadacre City* (1934), señala que el carácter inevitable de la mímesis entre ciudad y paisaje será el resultado de la acción positiva, no de la naturaleza, sino de los procesos de urbanización.[9]

Al igual que en los documentos gráficos norteamericanos, en Rosario, el realismo de las perspectivas y la proyección a largo plazo de los planos expresan una escisión cuantitativa y cualitativa entre ciudad real y ciudad postulada propia de los modelos especulativos. Pero en lo que atañe a la construcción de un paisaje, no es improbable que la distancia que media entre visión fenoménica y visión "prospectiva" asuma significados disímiles en ambos contextos. Tal vez, para auscultar el sentido de este desfase, sea necesario observar los planos y las perspectivas en distinto orden secuencial –primero la perspectiva y luego el plano en los casos norteamericanos, primero el plano y después la perspectiva en el caso pampeano: *ésta es Sacramento City, pero llegará a ser así; Rosario debería ser así, pero es ésta.* Retomando la idea del Quijote de Menard, el mismo "texto" sería entonces indicio de concepciones contrapuestas.

Bibliografía

ÁLVAREZ, J. (1998) *Historia de Rosario* (1689-1939), Rosario, UNR Editora / Editorial Municipal de Rosario.

BERGNIA DE CÓRDOBA LUTGES, M. (1959) "Planos de Rosario", en diario *La Capital*, Rosario, 8 de octubre de 1959, 9-11 de noviembre de 1959.

BORGES, J. L. (1974) "Pierre Menard, autor del Quijote", en *Obras*

---

9. Exceptuando a Nueva Inglaterra, Wright postulaba para el territorio norteamericano una urbanización continua de asentamientos regionales con un tejido de baja altura y una densidad de una casa por acre. A este respecto, afirmaba: *"Norteamérica no necesitará ayuda para hacer la ciudad Broadacre, ésta se construirá por sí sola"* (FRAMPTON, 1995: 24).

completas, Buenos Aires, Emecé Editores (originalmente publicado en *El jardín de senderos que se bifurcan*, 1941).

DICKENS, Ch. *Life and Adventures of Martin Chuzzlewit*, Salt Lake City, Project Gutenberg Ebook #968, 2006, en http://www.gutenberg.org/wiki/Main_Page.

ESPERDY, G., "Defying the grid: A retroactive manifesto for the culture of decongestion", en *Perspecta*, n° 30: *Settlement Patterns*, Cambridge, Massachusetts; London, England; The MIT Press.

FRAMPTON, K. (1995) "Lucidez y metamorfosis", en A&V *Monografías*, n° 54, Madrid, Arquitectura Viva.

KAWANO, R. (2005) *Retícula, cultura y ciudad. Las diversas expresiones del trazado ortogonal como principio de orden*, Tesis Doctoral, Dir.: Prof. Dr. Arq. Juan Luis de las Rivas Sanz, Escuela Técnica Superior de Valladolid in folio.

KOOLHAAS, R. (1994) *Delirious New York. A Retroactive Manifesto for Manhattan*, Rotterdam, 010 Publishers.

MARTÍNEZ ESTRADA, E. (1986) *Radiografía de la pampa*, Buenos Aires, Hyspamérica.

MORSE, R. (1975) "El desarrollo de los sistemas urbanos en las Américas durante el siglo XIX", en HARDOY, J. E.; SCHAEDEL, R. P. (comps.), *Las ciudades de América Latina y sus áreas de influencia a través de la historia*, Buenos Aires, Ediciones SIAP.

REPS, J. (1965) *The Making of Urban America. A History of City Planning in the United States*, Princeton, New Jersey, Princeton University Press.

RUSSELL, B. (1985) "El pragmatismo", en *Ensayos filosóficos*, Madrid, Alianza Editorial.

SARMIENTO, D. *Facundo. Civilización y Barbarie en Las Pampas Argentinas*, Buenos Aires, Proyecto Biblioteca Digital Argentina (basada en la 4° ed. de Librería Hachette y Cía., París, 1874; cotejado con la ed. de Alberto Palcos, Ediciones Culturales Argentinas, Dirección General de Cultura, 1961), en http://www.biblioteca.clarin.com.

VARAS, A. (2000) *buenos aires natural+artificial. Exploraciones sobre el espacio urbano, la arquitectura y el paisaje*, Madrid, Harvard University, Universidad de Palermo, Laboratorio de Arquitectura Metropolitana y Urbanismo.

Crisis del campo letrado y producción cartográfica

Notas sobre los planos de la ciudad de Rosario en la obra de Gabriel Carrasco.

Bibiana Cicutti, Bibiana Ponzini

Proclamaba Gabriel Carrasco en 1888 que:

"...puede asegurarse que el Censo de Santa Fe, es, en su género, la obra que contiene mayor número de ilustraciones y planos que se haya publicado nunca en la República, para responder así a la necesidad de revelar bajo todos sus aspectos el estado actual de la provincia, llevando a todo el mundo el conocimiento de sus progresos y dando clara idea de la importancia de sus principales ciudades, establecimientos y edificios por la constatación irrefutable de la fotografía".[1]

Es esta presencia permanente de imagen y texto en la obra de Carrasco lo que la hace particularmente sugestiva, en tanto el

---

1. CARRASCO, G., notificación al Ministro de Gobierno de la Provincia de Santa Fe, Dr. J. Cafferata del 31 de diciembre de 1888. Citado por ENSINCK, L. (1963).

diálogo que se entabla entre lo que se dice y lo que se muestra y su puesta en relación con otras obras del mismo autor o de otros, nos permiten el acceso a una pluralidad de lecturas en torno a la ciudad y sus registros técnico-documentales.

En este marco hemos escogido el *Plano de la Ciudad del Rosario de Santa Fe* que Carrasco realizara en 1887 en correspondencia con el levantamiento del Primer Censo Provincial, y que se inscribe en un arco temporal muy denso en producción cartográfica, a fin de tornarlo productivo a nuestro enfoque. Siguiendo a J. B. Harley analizaremos el plano desde el contexto social al momento de su producción, desde el contexto del cartógrafo y desde el contexto de otros mapas contemporáneos, asumiéndolo como un género discursivo que expone una lectura de la ciudad que a su vez remite a otros documentos y construye un discurso que implica una percepción de la realidad, al tiempo que contribuye a prefigurar una imagen de la ciudad moderna.

La *indiscutible lógica* de los números

En 1888 se publican los resultados Primer Censo Provincial levantado los días 6, 7 y 8 de junio de 1887, durante la gobernación de José Galvez. Gabriel Carrasco (1854-1908) había sido designado Comisario General del mismo en 1886, convirtiéndose en 1887 en su Director en reemplazo de Jonás Larguía. La elección de Carrasco para la realización esta tarea estaba respaldada tanto por su protagonismo en la vida política santafesina como en los antecedentes[2] que reunía para esa fecha: su graduación como abogado en

---

2. En tanto existen otros trabajos que dan cuenta de la biografía de Carrasco, destacamos solo aquellas cuestiones más pertinentes a nuestros fines. Entre ellos: DE MARCO, M. (1996) y ENSINCK, L. (1963).

1879, su actuación desde 1880 como catedrático de Ciencias Físicas en el Colegio Nacional del Rosario, desde 1882 Socio correspondiente del Instituto Geográfico Argentino y al año siguiente integra de la Comisión Nacional de Inmigración de la ciudad de Rosario, asumiendo su vicepresidencia en 1886; a lo que se agrega su designación como miembro de la Sociedad Geográfica de París en 1884. Entre sus publicaciones, además de sus artículos periodísticos, se contaban para ese entonces, el *Almanaque para 1874*, la *Guía civil y comercial de la ciudad de Rosario y su Municipio* (1876), *Datos estadísticos de la provincia de Santa Fe* (primera edición, 1881) y *Descripción Geográfica y Estadística de la Provincia de Santa Fe* (primera edición, 1882).

Si bien desde muy joven la figura de Carrasco había trascendido los límites de la ciudad, tanto por su actividad periodística como política, es la *Descripción Geográfica* la obra que le conferirá gravitación nacional e internacional y seguramente será también la que defina su participación en el Censo Provincial y en las instituciones científicas señaladas. Decide escribirla en 1881 a fin de participar en el concurso organizado por el Gobierno Nacional cuyo objetivo era promover la participación de las Provincias con memorias descriptivas que las representarían en la Exposición Continental de Buenos Aires de 1882. Al llamado respondieron las provincias de Tucumán, Salta, Santiago del Estero, San Luis, Catamarca, Santa Fe y Entre Rios.[3] Las memorias fueron previamente examinadas por una Comisión presidida por Estanislao S. Zeballos[4] e integrada por Francisco Latzina[5] y

---

3. Tanto Entre Ríos como Santa Fe presentaron dos memorias cada una, en el caso santafesino, la de Carrasco y otra redactada por una Comisión designada por el Gobierno Provincial para tal fin.

4. De su extensa biografía destacamos su labor como fundador de la Sociedad Científica Argentina, en el seno del departamento de Ciencias Exactas de la Universidad de Buenos Aires, en 1872 y del Instituto Geográfico Argentino en 1879.

5. Contratado por Sarmiento para desempeñarse en el Colegio Nacional de Catamarca al

Guillermo White, entre otros. Si bien los premios incluían, además de medallas de oro y plata, la publicación de las obras, Carrasco envía la suya impresa y obtiene el segundo premio y medalla de plata, por cuanto la Comisión entiende que *"contiene algunos datos estadísticos que salen de la generalidad"* y primer premio en la Exposición Continental otorgado por el Jurado que presidía Domingo F. Sarmiento.

Su inmediata reimpresión en 1882, la traducción en compendio en 1883 titulada *Stadistical and Geographical Description of the Province of Santa Fe (South America)*, la tercera edición en 1883 y la cuarta de 1886, dan cuenta del éxito de la misma. En esta última, Carrasco publica los *"juicios y apreciaciones sobre las diversas ediciones de esta obra"*, entre las que expone las congratulaciones de un selecto grupo de personalidades a quienes él mismo se ha encargado de enviarles ejemplares. Entre otras, se destacan las misivas del Presidente de la República Julio Roca; del director del Observatorio Nacional, Benjamín Gould; del amigo y socio de su padre Bernardo de Irigoyen, comunicándole desde el Ministerio del Interior el veredicto del jurado y más tarde en 1884 la distribución de la obra a los Ministros Extranjeros; del Superintendente del Primer Censo Nacional, Diego de la Fuente; de Bartolomé Mitre, en su calidad de columnista del diario La Nación; del Ministro de S. M. B. Edmund Monson y del Presidente de la Academia Nacional de Ciencias Oscar Doering.

Es evidente que no había sido ésta una selección arbitraria, pueden verificarse en sus escritos tanto el reconocimiento académico para con algunos de los citados, así como la necesidad de

---

frente de la cátedra de Matemáticas, en 1872 colaboró en la organización de la Academia Nacional de Ciencias. En 1880, es designado jefe de la Oficina de Estadística Nacional, más tarde Dirección General de Estadística. Fue miembro de la Real Sociedad Inglesa de Estadísticas, de las Sociedades de Geografía, de Geografía Comercial y de la Sociedad de Estadística de París, entre otras.

incluir sus trabajos en el campo de las ciencias y su decisión de publicitarlos tanto como sea posible, definiendo de ese modo tanto el lugar de enunciación como las estrategias de legitimación de su discurso.

Siguiendo la tesis de Julio Ramos,[6] podemos ubicar a Carrasco en el momento en que el campo letrado se fragmenta, pero en el que aun, producto de los procesos de modernización desigual latinoamericanos, no ha podido producir su autonomización. Sin embargo la complejidad del personaje dificulta aun más su caracterización, no tanto desde su actividad como periodista, donde su *"búsqueda de legitimación está ligada al poder político y a las organizaciones que lo disputan en clave facciosa"*,[7] sino al poner en consideración sus libros. Claramente quiere Carrasco diferenciarse del campo literario, al respecto dice:

> *"Es por eso que al emprender este trabajo, **completamente desnudo de todo mérito literario**,[8] solo tratamos de hacer conocer las conveniencias que este país ofrece a la inmigración extranjera, desarrollando las cifras de todo movimiento social y económico, cuyo conjunto, revelando siempre crecientes progresos en todos los ramos de la industria y el comercio, harán comprender mejor que las más minuciosas descripciones, las conveniencias que ofrece la Provincia de Santa Fe."* (CARRASCO, 1886:22)

---

6. RAMOS, J. (1989), *Desencuentros de la modernidad en América Latina. Literatura y política en el siglo XIX*, México, Fondo de Cultura Económica.

7. BONAUDO, M. (2005), "De la opinión publicada a la opinión pública. La prensa como lugar de representación y de conflicto", en BONAUDO, M., directora: *Imaginarios y prácticas de un orden burgués. Rosario, 1850-1930, Tomo I Los actores entre las palabras y las cosas*, Rosario, Prohistoria ediciones.

8. Subrayado en negrita nuestro.

Reconociéndose discípulo de Diego de La Fuente, Coni y Francisco Latzina, pretende en cambio trabajar desde el discurso particularizado del saber abstracto y científico de la estadística, garantizado por la rigurosidad incuestionable de las sistematización de cifras, datos y porcentajes, porque:

"[…] es fácil, con pintorescas descripciones, llevar un falso convencimiento al espíritu: solo una manera existe de producir la verdadera convicción, y esa es el apelar a los números, para demostrar por medio de su indiscutible lógica la verdad que se proclama." (CARRASCO, 1886:22)

Así va inscribiendo su obra en relación a otras, construyendo una red que se amplía hacia la geografía, en un recorte sesgado por su preocupación por el territorio provincial, en ese sentido explica:

"[…] la aparición de varias obras del mismo género, de la importancia que tiene el 'Registro Estadístico de Santa Fe' de don Jonás Larguía, 'La Región del Trigo' del doctor Estanislao S. Zeballos, y otras, revela palpablemente la necesidad de esta clase de publicaciones, que haciendo conocer los progresos de nuestro país, contribuyen mas y mas al aumento de su población, y con él al desarrollo de todo lo que constituye la civilización moderna." (CARRASCO, 1886:22-23)

También reconoce la influencia y los aportes de las obras de los *sabios europeos* que visitaron la Argentina desde la primera mitad del siglo XIX, como Darwin y otros que fueron especialmente convocados por distintos gobiernos a fin de sentar las bases de los estudios científicos en el país.[9] Entre estos últimos cita expresamente al

---

9. El tema ha sido desarrollado por Lois C.: "Técnica, política y 'deseo territorial' en la

naturalista d'Orbigny autor de *Voyage dans l'Amerique Méridionale*;[10] al especialista en ciencia geológica August Bravard y al médico Martin de Moussy, llamado por el Gobierno de la Confederación a fin de realizar un acabado reconocimiento de la geología, la geografía y las posibilidades productivas del país, lo que daría como resultado la renombrada *Déscription physique, géographique et statistique de la Conféderation Argentina* y el *Atlas de la Confederation Argentine*.[11] Incluye también al científico Carlos Burmeister y al astrónomo Benjamín Gould, oportunamente comisionados por Sarmiento para distintas misiones institucionales y científicas.

En una operación similar a la distribución de los ejemplares de su *Descripción Geográfica,* en su escritura ha invocado a los *sabios* para prestigiar intelectualmente su obra y legitimarla, produciendo una dirección de sentido para la circulación de sus ideas, lo que le permite inscribirse en la estrategia que la generación del 80 diseñara para la construcción de un saber científico, que apuntalado en la geografía, la estadística y la cartografía, contribuyera a la delimitación del territorio y a la consolidación del Estado Argentino.

En ese marco generacional e intelectual se despliega la tarea de Carrasco, que podría sintetizarse en las palabras con las que introduce su libro *La provincia de Santa Fe. Revista de su estado actual y de los progresos realizados* (1888), al sostener que "*Puede decirse con justicia, que el año 1887 ha sido para esta provincia el más fecundo en progresos de todo género, de cuantos puede contar en su existencia*".

---

cartografía oficial de la Argentina (1852-1941)", en *Scripta Nova Revista electrónica de geografía y ciencias sociales*, Universidad de Barcelona, Vol X.

10. La obra consta de nueve volúmenes publicados entre 1834 y 1847 (Lois C., 2006).

11. El primer tomo de la *Déscription...* fue publicado en 1860 y los dos siguientes en 1864, mientras que la primera edición (francesa) del Atlas es de 1865 y su reedición en Buenos Aires de 1873.

Entre dichos progresos destaca que finalmente se dirimieron los límites provinciales por el Oeste con Santiago del Estero y por el Norte con la Nación, y así:

> *"Definido y completado su territorio, pudo procederse por primera vez a la medición cartográfica del territorio, operación que, como otras muchas complementarias, se ha llevado a cabo por la oficina del Censo de la Provincia"*, a lo que agrega *"El año 1887 será célebre en la historia de los progresos de Santa Fe, por haberse verificado en él la grande operación del Censo general de la provincia, efectuado los días 6, 7 y 8 de junio, simultáneamente en todo el territorio.(…) Los datos recogidos constatan hechos de grande importancia, alguno de los cuales están destinados a llamar la atención del mundo económico y científico, porque presentan ejemplos sin precedentes en la historia del desarrollo de los progresos humanos."* (CARRASCO, 1888:10, 13-14)

Más adelante analizando la población de la provincia y su vertiginoso crecimiento producto fundamentalmente del proceso inmigratorio sostiene que *esas cifras serán el asombro de los estadistas europeos.*

En pocas palabras ha resumido las cuestiones centrales para el desarrollo de sus ideas y sus trabajos: el progreso se sostiene en el aumento de población, la medición cartográfica, la sistematización de datos censales y en la necesidad de comunicar estas cuestiones al mundo económico y científico. Estos son los dispositivos que posibilitan el sueño modernizador de una generación para la cual la organización de las nuevas naciones se proyectaba en civilizar, ilustrar, disciplinar, llenar los territorios vacíos, atravesar la pampa y el desierto con el ferrocarril, el telégrafo o la navegación de los ríos; así como en la formalización de la ley, en la racionalidad del mercado y de la fuerza de trabajo. Un sueño modernizador que para Carrasco implica expulsar a los salvajes para convertir a las Pampas *"en una granja bordada de ciudades y cubierta de ferrocarriles, bibliotecas y universidades"*.[12]

Espléndida metáfora de lo moderno que se logra con la atracción de población extranjera, garantizando con la propiedad de la tierra su afincamiento definitivo, pero teniendo en cuenta que *"en población, ante todo, importa la calidad, siendo la cantidad un elemento secundario, cuando no se auna al primero para robustecer su significación"* (CARRASCO, 1886: 234), lo que unido a la preponderancia de varones en la provincia *"esplica* (sic) *la formación de una nueva y poderosísima raza, producto del refrescamiento de la sangre de la mujer americana por la del inmigrante europeo, confundidas entre sí por la selección"*. Una modernización que implica por un lado el principio de selección inmigratoria y por otro una voluntad por dejar atrás la tradición:

> *"El antiguo tipo de gaucho argentino va desapareciendo rápidamente en la Provincia de Santa Fe, hay departamentos como el de Las Colonias, en que el poncho, el chiripá, antiguos trajes nacionales, ya son un mito, porque no se encuentran."* (CARRASCO, 1888: 22)

Como anticipábamos, tanto la estadística, los estudios geográficos y la cartografía serán para Carrasco instrumentos indispensables para dar forma al sueño, para ordenar el territorio de la Provincia, generando las condiciones de posibilidad que garanticen por autoridad de la ley y de las nuevas ciencias, la subordinación de las diferencias –políticas, económicas, demográficas, etc., que

---

12. CARRASCO, G: "Empréstito para la Campaña al Desierto", Diario El Sol, 8 noviembre, 1878. Citado por FRUTOS DE PRIETO, M. (1984).

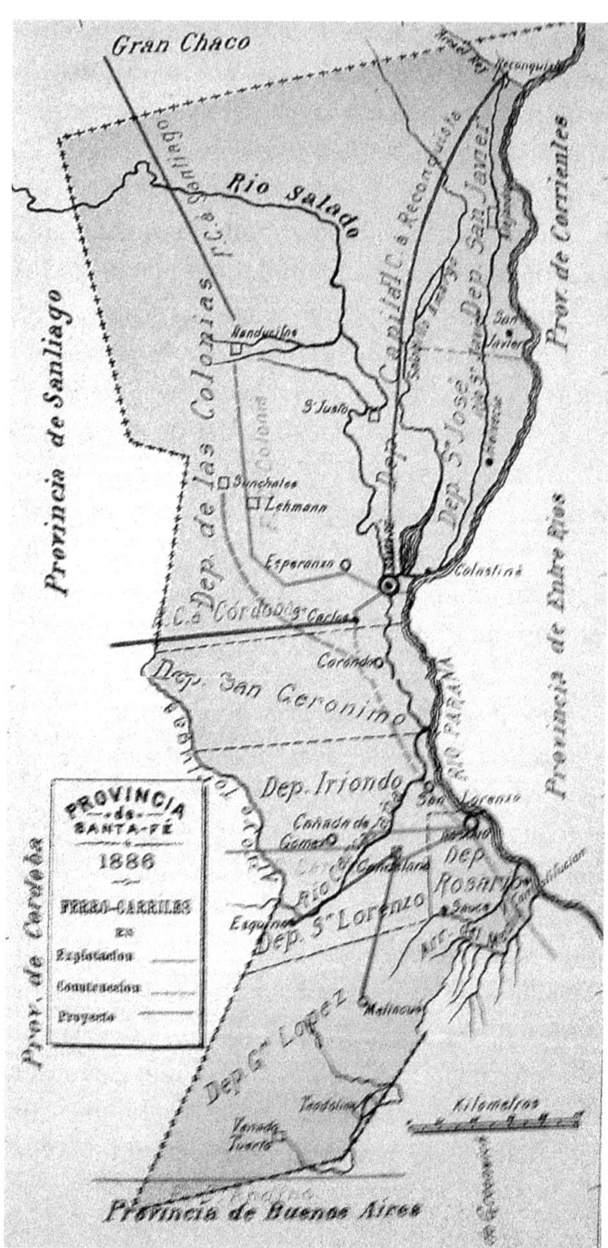

Ferrocarriles en explotación, construcción y proyecto. Fuente: CARRASCO, G. (1886)

desintegraban Santa Fe, bajo un proyecto homogeneizador que consolidaría al Estado y sostendría acciones de progreso incorporando el territorio al orden del mercado. En ese sentido Carrasco hace visibles sus ideas y al superponer naturaleza y artefacto técnico construye una nueva geografía santafesina: los planos de la provincia que ilustran la *Descripción Geográfica* se encuentran surcados por sus vías navegables, los trazados de los ferrocarriles en explotación, en construcción y los proyectados, los telégrafos en explotación y tapizados por sus ciudades principales y las colonias agrícolas señaladas con un icono diferente.

Sostiene De Marco que el interés de Carrasco por la geografía surge de la relación que entabla en la imprenta de su padre con el ingeniero geógrafo Nicolás Grondona, quien allí publicara su *Atlas de las catorce provincias argentinas*. Conjetura bastante probable teniendo en cuenta la importancia de los trabajos de Grondona en la ciudad, autor en 1854 de uno de los primeros planos de la misma y de otros posteriores, habiéndose desempeñado como ingeniero municipal desde 1871, al tiempo que abre la Oficina Geográfica Argentina, acredita además numerosos trabajos de amojonamiento y delineación. Entre sus obras se destacan el *Atlas* mencionado, un *Mapa ilustrado de la República Argentina* y el *Manual de geografía nacional*.

Sin embargo, no hemos encontrado hasta el momento que Carrasco hiciera referencia en sus trabajos a Grondona, como tampoco a los pioneros del Departamento Topográfico (Isola, 1855), o a la Oficina Técnica Municipal, creada en 1862. En cambio, manifiesta expresamente que conoce la obra del ingeniero Carlos de Chapeaurouge,[13] del Departamento Topográfico de la provincia de Córdoba, así como la existencia del Departamento

---

13. Al describir los límites del territorio provincial expresa *"Tomamos como base para estos datos el plano de Santa Fé publicado en 1883 por el ingeniero don Carlos de Chapeaurouge, que es*

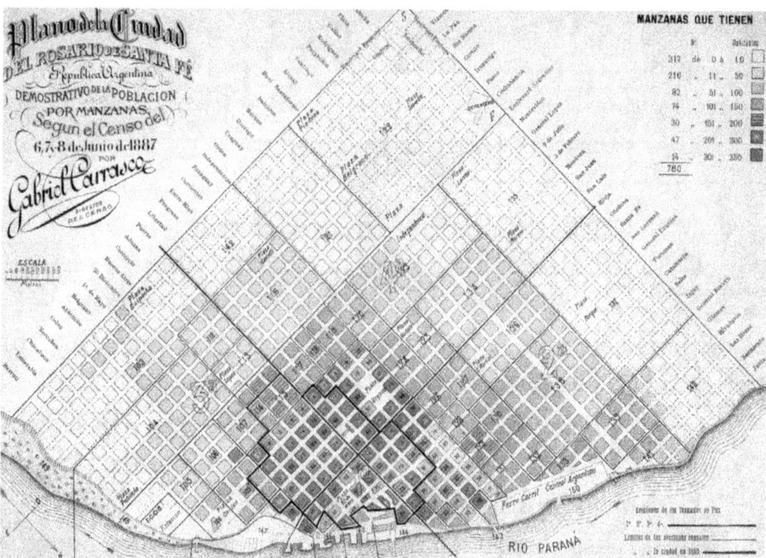

Plano de la Ciudad del Rosario de Santa Fe, demostrativo de la población por manzanas según del Censo el 6, 7 y 8 de Junio de 1887. Fuente: CARRASCO, G. (1888).

Topográfico con sede en Santa Fe y su más importante contribución, el plano catastral de la provincia de 1885, que sería corregido con los aportes del Censo levantado por Carrasco.

La descripción de la ciudad desde el Plano

Si nos detenemos aquí en la mutua correspondencia entre los planos de Rosario y el campo intelectual donde Gabriel

---

el mejor que hasta ahora tenemos; el de la provincia de Córdoba dado a luz por el Departamento Topográfico de aquella Provincia, y el fallo arbitral de la Suprema Corte, ya indicado", esto último en referencia al fallo de la causa para el arreglo de límites internos entre Buenos Aires, Córdoba y Santa Fe (CARRASCO, 1886:27).

Carrasco se inscribe, podemos tomar como objeto de estudio al *Plano de la Ciudad del Rosario de Santa Fe, demostrativo de la población por manzanas según del Censo el 6, 7 y 8 de Junio de 1887.* Metodológicamente, surge en primer término la pregunta acerca de las condiciones de tiempo y lugar en las que se construye la pieza: el contexto de producción. Ante todo, este plano forma parte de la edición del *Primer Censo General de la provincia de Santa Fe (República Argentina, América del Sur) verificado bajo la administración del Dr. D. José Galvez, el 6,7 y 8 de junio de 1887. Gabriel Carrasco, director y comisario General del Censo. Tomo I, Libro I Censo de población* y a su vez culmina una serie de publicaciones del autor siempre ilustradas con algún plano de la ciudad.

Es en su tamaño (31,5 cm. por 21,5 cm.) y escala (1:2.500), en su condición gráfica, donde se impone la modalidad textual, conforme a su soporte: el libro, y sus atributos materiales –tamaño, encuadre, ubicación en la estructura formal del relato, etc.–, anticipando sus condiciones de recepción, sus posibilidades de circulación y lectura.

Más que instrumento técnico, el plano se traduce en recurso argumentativo: el autor emplea una serie de estrategias comunicacionales tendientes a convencer al mundo de la capacidad de desarrollo y progreso de Rosario. Recurso argumentativo central, acorde con la cosmovisión de la época, resultan ser los datos censales, la estadística, etc., trasladados al plano de lo urbano de un modo convincente, didáctico: el gráfico coloreado, con las indicaciones precisas, simplificadas e inmediatas, con generalizaciones y reducciones que condicionan su lectura y construyen el sujeto lector.

El encuadre, como en el dispositivo fotográfico, funciona como una "puesta en escena" del discurso positivista e higienista que impulsa la generación del '80. La dimensión y el enfoque de una porción del territorio se limita deliberadamente a las secciones censales, perdiéndose la referencia de los arroyos Ludueña y Saladillo, que definen históricamente el territorio: *El Pago de los Arroyos*, tal como lo registraba el plano de *Delineación de la ciudad del Rosario sancionado por la Municipalidad el 15 de junio del año 1873 según el proyecto del Municipal Sr. Don Manuel Coll.* Carrasco acota el territorio a la segunda ronda de bulevares (Rosarino y Timbúes), a lo que se considera urbanizable, productivo; más aun incluso que Grondona quien en el *Plano de la ciudad del Rosario de Santa Fe* de 1875 dejaba esbozado un crecimiento en un damero de mayores dimensiones por fuera de los bulevares, reminiscencia del trazado de Coll. A su vez, la indicación de los puntos cardinales ubica el Norte hacia la derecha: es el modo en que se percibe planimétricamente la ciudad, con el río abajo, desde sus primeros registros y por lo tanto se hace reconocible en forma inmediata y se inscribe en la serie precedente.

Este plano es también –o fundamentalmente– un proyecto de ciudad, una hipótesis de desarrollo. El autor ha procurado mostrar una valoración de las posibilidades potenciales al organizar y racionalizar los datos, y por lo tanto, el territorio, a través de un instrumento probado: la cuadrícula. La cuadrícula implica, en primera instancia, una modalidad de conversión de la tierra en unidades de compra-venta, en tierra urbanizable, lo que se verifica en la prolongación indiferenciada del trazado de calles y manzanas hasta alcanzar la segunda ronda de bulevares y en la multiplicación progresiva de plazas –ya previstas en los planos anteriores mencionados– de modo que, con un ritmo lleno/vacío, se garantizarían en el futuro las condiciones higienistas que el cientificismo paisajista de la época demandaba. Elementos proyectados, con trazo interrumpido, indican, no sólo la extensión del manzanero y prolongación de calles que hacia el norte llegan, literalmente, al río, sino también, la ampliación del puerto, sustento efectivo del progreso, hacia el sur.

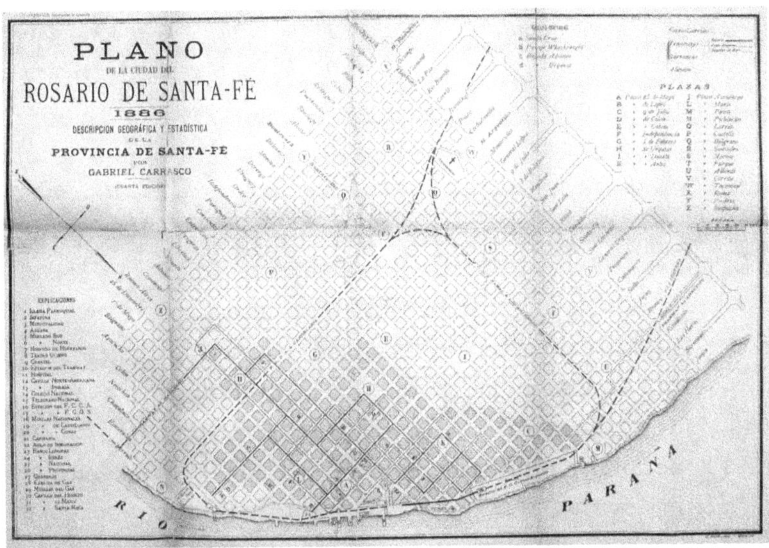

Plano de la Ciudad del Rosario de Santa Fe 1886. Fuente: CARRASCO, G. (1886)

Se trata de un plano impreciso y con cierta rusticidad propia de la técnica de producción, registrando como única modificación el cambio de año en correlato con la edición de las obras.

Sin dudas el autor conocía los planos de Grondona o Coll, en tanto la ubicación de las plazas así lo indica, por otra parte como en el plano de Coll las manzanas aparecen ochavadas. Los elementos destacados son las plazas y sobre la costa exageradamente se enfatiza la estación del Ferrocarril Central y la palabra PUERTO sobre las líneas ondulantes del río. Un trazo grueso de puntos marca la barranca y separa el bajo de la ciudad, pero la cuadrícula hace caso omiso del accidente topográfico.

En la cuarta edición de su Descripción Geográfica en 1886 a la que considera *"una prueba mas del estado de adelanto y progreso de nuestro país, y especialmente de las artes gráficas, la dá el presente libro, cuya bella y correcta impresión y excelentes láminas demuestran que la imprenta y la litografía han llegado a un alto grado de perfección"*, Carrasco construye su propio *Plano de la Ciudad del Rosario de Santa Fe*, litografriado por Stiller & Laas, que *"comprende la delineación general de la ciudad, según existe determinada por las ordenanzas Municipales."* (CARRASCO, 1886: 596, 611)

La factura del mismo contrasta significativamente tanto con el anterior como con los otros planos de la ciudad mencionados. A primera vista en la superficie de la forma, impactan la claridad y precisión del dibujo, así como la moderna tipografía utilizada, lo que contribuye a interpretar el plano como una pieza de un tecnicismo riguroso. Este es el antecedente más directo del plano del Censo, y de algún modo ambos podrían considerarse como dos representaciones complementarias de la ciudad desde la mirada de Carrasco, en tanto éste muestra todo lo que aquel omite.

Como en los planos de Grondona y Coll registra 26 plazas, de las cuales, aclara Carrasco, solo existen las plazas 25 de Mayo, López, Colón (3 de febrero y Necochea), Urquiza (hoy Sarmiento), Lincoln (hoy San Martín) y Marte frente al Cuartel (1 de mayo y San Luis), *las otras solo están delineadas en el plano, por quedar fuera de la parte poblada*. La actualización se expresa en los fuertes trazos con que indica el recorrido del nuevo Ferrocarril Oeste Santafesino a Candelaria y el ramal a los graneros y las líneas de los tramways del Rosario, Anglo Argentino y Rosarino del Norte, que ameritan el uso del color para diferenciarlas. Sobre la costa incorpora la estación del Ferrocarril Oeste Santafesino, la fábrica y muelle del gas, los muelles de Comas, de Castellanos y los Nacionales, el túnel y la Estación del Ferrocarril Central Argentino y los graneros.

Adelantándose al plano del Censo, pinta con gris las manzanas más densamente pobladas que recortan un triangulo interior

Los recursos gráficos que se advierten son previsibles: se introduce una reducción de la topografía a un plano uniforme, simplificando los accidentes geográficos. Sólo la barranca se reconoce levemente insinuada y nada dice sobre las lagunas o zanjones que para entonces difícilmente estarían totalmente saneados o las bajadas al río cuyo desmonte se realizaría años más tarde.

Se agregan otras restricciones que contribuyen a la comprensión sintética del argumento principal: la "ausencia" de las vías ferroviarias que corresponden a las dos estaciones marcadas –Ferrocarril Oeste Santafecino y Ferrocarril Central Argentino–, así como ninguna referencia a edificios significativos, hospitales, Hospicio de huérfanos, iglesias o el Colegio Nacional, que pudieran otorgar un principio de "desdibujamiento" de los datos. Sólo Cementerio y Puerto nada del "resto" de la ciudad: ni aldeas, suburbios o caminos de acceso.

La población "es distribuida" homogéneamente en las manzanas, con una gradación de colores que corresponde a su densidad y que responde a una idea de urbanidad superpuesta a una materialización de la realidad que podría ponerla en duda. Sobre esta cuestión resulta de gran interés la comparación con el *Plano de la Ciudad del Rosario de Santa Fe* editado por la litografía e imprenta Mac (?) & Mc.Lean, a mediados de 1887, que sobre la base del Censo detalla la ocupación de las manzanas, parcial en muchos casos, irregular en otros o absolutamente vacías de construcciones en algunas que el plano del Censo indica con la menor densidad.

Carrasco incorpora también indicadores censales anteriores que proporcionan un marco comparativo y que funcionan a modo de *prueba*: la línea que traza el límite de ocupación de la ciudad hacia 1863 demuestra rotundamente el significativo crecimiento producido en menos de 25 años.

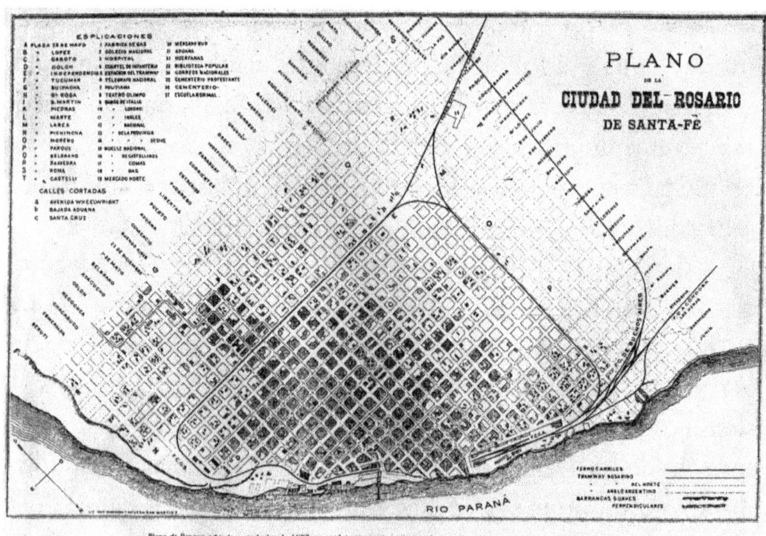

Plano de Rosario editado a mediados de 1887. Fuente: MIKIELEVICH, W. (1965), "Servicios públicos de transporte urbano en Rosario. El tramway", en Revista Historia de Rosario, año VI, Nº 15-16, Sociedad de Historia de Rosario.

A manera de parágrafos, las leyendas laterales complementan y certifican el discurso. Estos "comentarios" no hacen sino reforzar el mensaje central: el título que relaciona el plano con el *"censo levantado los días 6, 7 y 8 de junio de 1887"* y su función primaria: *"Demostrativo por manzanas".* Con certeza, la firma, con expresa mención gráfica, apela a la autoridad y el prestigio del *"director del censo"* y por lo tanto del *autor* del plano, el Dr. Gabriel Carrasco.

Del mismo modo, operan las referencias convencionales: escala gráfica, los límites de las secciones censales y Juzgados de Paz y el cuadro indicativo de la cantidad de habitantes por manzanas censadas y su equivalencia. Esta transposición, como señalamos, ignora deliberadamente la ocupación real del territorio. Si bien se observa una densificación variada, con tendencia a consolidarse hacia al sur y alrededor de los trazados más antiguos, se advierten notables descensos en la misma, inclusive en torno a la Plaza 25 de Mayo. Puede imaginarse la coexistencia de baldíos y tramos consolidados alternativamente, construcciones dispuestas ortogonalmente, como también en forma irregular, por debajo de la gradación de trazos y colores. Por ejemplo, la manzana correspondiente al Hospital de Caridad (1855) aparece como altamente densificada, sin atenerse a su condición de tal.

Estas cuestiones que emergen del nivel de análisis del espacio plástico propio del plano: el encuadre, la tipografía, las convenciones, los textos complementarios, etc. dan cuenta del sujeto que construye el plano y del campo donde se inscribe y cobra sentido, como también, del público al cual se dirige y ante el cual expone una lectura de la ciudad y que remite a otros planos y otros discursos más generales: la ciudad de la regularidad y la geometría, la ciudad especulativa, la ciudad del orden y el progreso. Estas últimas se desprenden de las relaciones asociativas o paradigmáticas que sus recursos textuales generan.

De otros planos y relatos

Carrasco ilustra muchas de sus obras con el plano de Rosario, pero, como anticipábamos, no utiliza las piezas cartográficas más reconocidas como los Planos de la ciudad realizados por Nicolás Grondona en 1871 o 1875, o el plano de Coll. Curiosamente selecciona para sus primeras publicaciones un plano atribuido al grabador Santiago Caccia,[14] el mismo está incluido en su *Guía civil y comercial de la ciudad de Rosario y su municipio* (1876), así como en *Datos estadísticos de la provincia de Santa Fe* (1881) y en *Descripción geográfica y estadística de la Provincia de Santa Fe* (1882).

---

14. Según MORENO, S. (1985) "La estadística en Rosario desde sus comienzos", en Revista *Historia de Rosario,* Año XXIII, N° 37, Sociedad de Historia de Rosario.

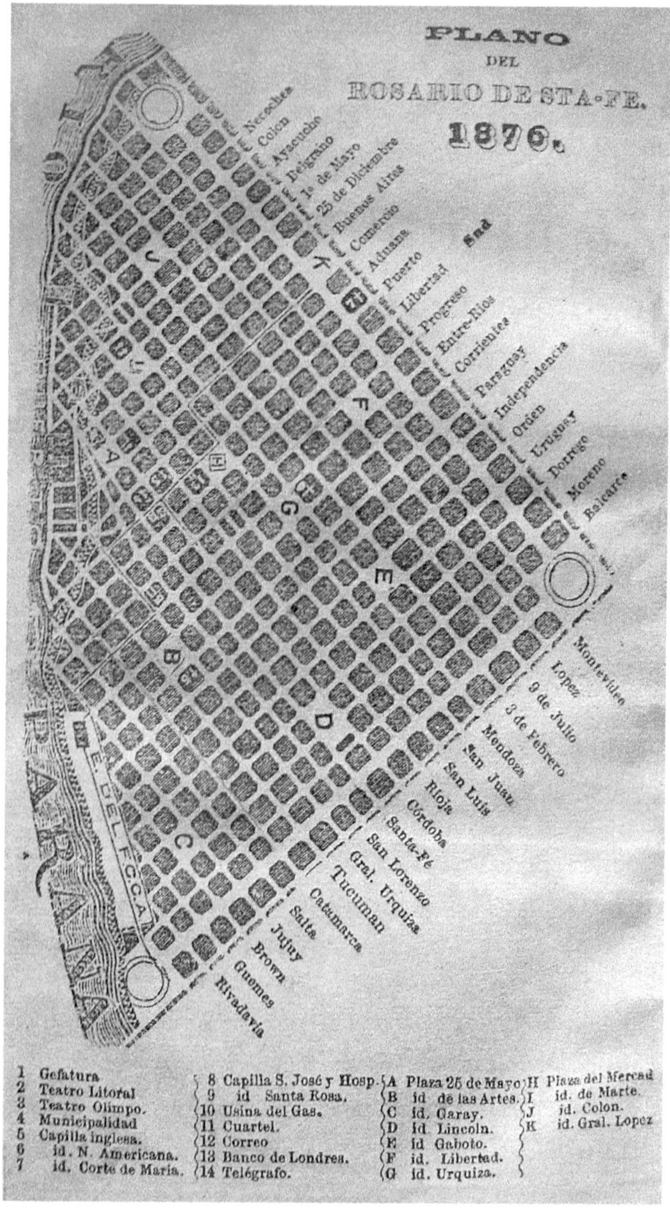

Plano del Rosario de Sta-Fe 1876. Fuente: CARRASCO, G. (1876).

censales, perdiéndose la referencia de los arroyos Ludueña y Saladillo, que definen históricamente el territorio: *El Pago de los Arroyos*, tal como lo registraba el plano de *Delineación de la ciudad del Rosario sancionado por la Municipalidad el 15 de junio del año 1873 según el proyecto del Municipal Sr. Don Manuel Coll.* Carrasco acota el territorio a la segunda ronda de bulevares (Rosarino y Timbúes), a lo que se considera urbanizable, productivo; más aun incluso que Grondona quien en el *Plano de la ciudad del Rosario de Santa Fe* de 1875 dejaba esbozado un crecimiento en un damero de mayores dimensiones por fuera de los bulevares, reminiscencia del trazado de Coll. A su vez, la indicación de los puntos cardinales ubica el Norte hacia la derecha: es el modo en que se percibe planimétricamente la ciudad, con el río abajo, desde sus primeros registros y por lo tanto se hace reconocible en forma inmediata y se inscribe en la serie precedente.

Este plano es también –o fundamentalmente– un proyecto de ciudad, una hipótesis de desarrollo. El autor ha procurado mostrar una valoración de las posibilidades potenciales al organizar y racionalizar los datos, y por lo tanto, el territorio, a través de un instrumento probado: la cuadrícula. La cuadrícula implica, en primera instancia, una modalidad de conversión de la tierra en unidades de compra-venta, en tierra urbanizable, lo que se verifica en la prolongación indiferenciada del trazado de calles y manzanas hasta alcanzar la segunda ronda de bulevares y en la multiplicación progresiva de plazas –ya previstas en los planos anteriores mencionados– de modo que, con un ritmo lleno/vacío, se garantizarían en el futuro las condiciones higienistas que el cientificismo paisajista de la época demandaba. Elementos proyectados, con trazo interrumpido, indican, no sólo la extensión del manzanero y prolongación de calles que hacia el norte llegan, literalmente, al río, sino también, la ampliación del puerto, sustento efectivo del progreso, hacia el sur.

Carrasco se inscribe, podemos tomar como objeto de estudio al *Plano de la Ciudad del Rosario de Santa Fe, demostrativo de la población por manzanas según del Censo el 6, 7 y 8 de Junio de 1887.* Metodológicamente, surge en primer término la pregunta acerca de las condiciones de tiempo y lugar en las que se construye la pieza: el contexto de producción. Ante todo, este plano forma parte de la edición del *Primer Censo General de la provincia de Santa Fe (República Argentina, América del Sur) verificado bajo la administración del Dr. D. José Galvez, el 6,7 y 8 de junio de 1887. Gabriel Carrasco, director y comisario General del Censo. Tomo I, Libro I Censo de población* y a su vez culmina una serie de publicaciones del autor siempre ilustradas con algún plano de la ciudad.

Es en su tamaño (31,5 cm. por 21,5 cm.) y escala (1:2.500), en su condición gráfica, donde se impone la modalidad textual, conforme a su soporte: el libro, y sus atributos materiales –tamaño, encuadre, ubicación en la estructura formal del relato, etc.–, anticipando sus condiciones de recepción, sus posibilidades de circulación y lectura.

Más que instrumento técnico, el plano se traduce en recurso argumentativo: el autor emplea una serie de estrategias comunicacionales tendientes a convencer al mundo de la capacidad de desarrollo y progreso de Rosario. Recurso argumentativo central, acorde con la cosmovisión de la época, resultan ser los datos censales, la estadística, etc., trasladados al plano de lo urbano de un modo convincente, didáctico: el gráfico coloreado, con las indicaciones precisas, simplificadas e inmediatas, con generalizaciones y reducciones que condicionan su lectura y construyen el sujeto lector.

El encuadre, como en el dispositivo fotográfico, funciona como una "puesta en escena" del discurso positivista e higienista que impulsa la generación del '80. La dimensión y el enfoque de una porción del territorio se limita deliberadamente a las secciones *nuestro país, y especialmente de las artes gráficas, la dá el presente libro, cuya bella y correcta impresión y excelentes láminas demuestran que la imprenta y la litografía han llegado a un alto grado de perfección"*, Carrasco construye su propio *Plano de la Ciudad del Rosario de Santa Fe*, litografriado por Stiller & Laas, que *"comprende la delineación general de la ciudad, según existe determinada por las ordenanzas Municipales."* (CARRASCO, 1886: 596, 611)

La factura del mismo contrasta significativamente tanto con el anterior como con los otros planos de la ciudad mencionados. A primera vista en la superficie de la forma, impactan la claridad y precisión del dibujo, así como la moderna tipografía utilizada, lo que contribuye a interpretar el plano como una pieza de un tecnicismo riguroso. Este es el antecedente más directo del plano del Censo, y de algún modo ambos podrían considerarse como dos representaciones complementarias de la ciudad desde la mirada de Carrasco, en tanto éste muestra todo lo que aquel omite.

Como en los planos de Grondona y Coll registra 26 plazas, de las cuales, aclara Carrasco, solo existen las plazas 25 de Mayo, López, Colón (3 de febrero y Necochea), Urquiza (hoy Sarmiento), Lincoln (hoy San Martín) y Marte frente al Cuartel (1 de mayo y San Luis), *las otras solo están delineadas en el plano, por quedar fuera de la parte poblada.* La actualización se expresa en los fuertes trazos con que indica el recorrido del nuevo Ferrocarril Oeste Santafesino a Candelaria y el ramal a los graneros y las líneas de los tramways del Rosario, Anglo Argentino y Rosarino del Norte, que ameritan el uso del color para diferenciarlas. Sobre la costa incorpora la estación del Ferrocarril Oeste Santafesino, la fábrica y muelle del gas, los muelles de Comas, de Castellanos y los Nacionales, el túnel y la Estación del Ferrocarril Central Argentino y los graneros.

Adelantándose al plano del Censo, pinta con gris las manzanas más densamente pobladas que recortan un triangulo interior

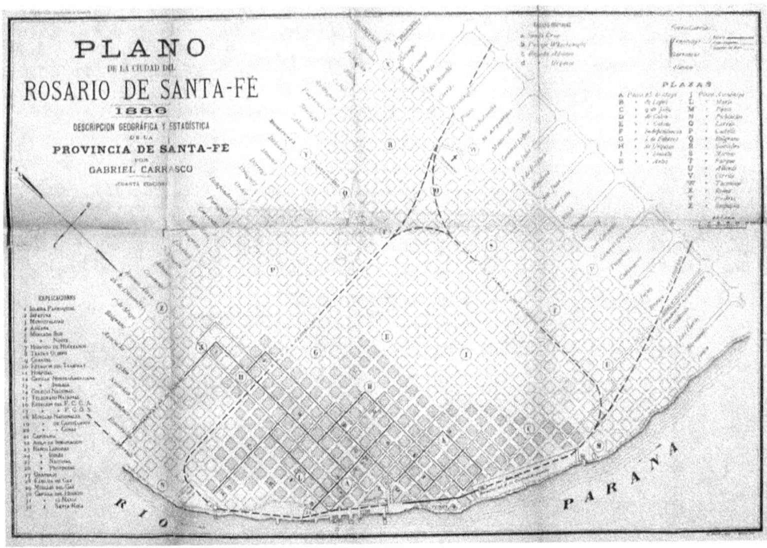

Plano de la Ciudad del Rosario de Santa Fe 1886. Fuente: CARRASCO, G. (1886)

Se trata de un plano impreciso y con cierta rusticidad propia de la técnica de producción, registrando como única modificación el cambio de año en correlato con la edición de las obras.

Sin dudas el autor conocía los planos de Grondona o Coll, en tanto la ubicación de las plazas así lo indica, por otra parte como en el plano de Coll las manzanas aparecen ochavadas. Los elementos destacados son las plazas y sobre la costa exageradamente se enfatiza la estación del Ferrocarril Central y la palabra PUERTO sobre las líneas ondulantes del río. Un trazo grueso de puntos marca la barranca y separa el bajo de la ciudad, pero la cuadrícula hace caso omiso del accidente topográfico.

En la cuarta edición de su Descripción Geográfica en 1886 a la que considera *"una prueba mas del estado de adelanto y progreso de* formado por las calles Independencia (Pte. Roca) y 9 de Julio, con extensiones hacia la Plaza López y bordeando las instalaciones del Ferrocarril Central. A pesar de aclarar que *aunque en todo el resto hay centenares de edificios, no hemos señalado como población sino la que está dentro de calles abiertas y ya trazadas*, la planta urbana se presenta dibujada homogéneamente, ordenada, como si todas las calles, manzanas y plazas realmente existieran.

Y quizás existen en su sueño modernizador y deben hacerse presentes, puesto que éste es el plano que recorrerá el mundo mostrando la ciudad *más hermosa, rica y poblada de la República Argentina, después de la Capital* y cuyo rápido crecimiento solo ha sido superado por Chicago, La Plata y otras pocas ciudades de Estados Unidos. Una ciudad que se destaca por su inmenso puerto, los ferrocarriles, en la que *todos sus edificios son modernos*, la única alumbrada a gas de la provincia, con 187 cuadras empedradas en 1885 y donde *"las costumbres europeas están adoptadas en un todo* y cuya sociedad es *distinguida, ilustrada, y como consecuencia del gran número de extranjeros, liberal, sin preocupaciones religiosa, y abierta a todas las personas honorables y dignas"* (CARRASCO, 1886: 572).

No es admisible para Carrasco incorporar en su relato –ni en sus planos– la falta de desagües cloacales y otras cuestiones de higiene urbana; ni imaginar que en 1886 se volvería a desatar una epidemia de cólera en la ciudad.

Poniendo en relación la dimensión simbólica del mapa con otros "textos" Carrasco ilustra sus apasionadas descripciones con gráficos y fotolitografías, *indispensables para dar una idea del estado de nuestra civilización, de la arquitectura de las ciudades y del estado de algunas obras públicas de grande utilidad*. Las características y los progresos de la provincia se demuestran, como señalamos, con mapas que ilustran su superficie, división política, tendidos ferroviarios y de telégrafos, con cuadros demostrativos de la recaudación de las

Usina del Gas en la ribera. Fuente: CARRASCO, G. (1886)

rentas, la superficie de la tierra cultivada o el movimiento de buques, pero *la arquitectura de sus ciudades* se muestra solo con imágenes de Rosario, a excepción del Palacio Municipal de Esperanza y el Colegio Inmaculada Concepción de Santa Fe.

Porque Rosario, la ciudad emblema de la modernidad deseada, concentra todos los iconos de lo moderno, que cuidadosamente elige Carrasco. La Fábrica del Gas merece tres láminas que demuestran su rápido desarrollo a lo largo de un año en los que se construyen muelles y depósitos. La vista del puerto le permite describir además todos los edificios de la costa y los que se alzan sobre la barranca. De la ciudad alta elige las casas de Comas, Arijón, Correas y Paz, edificios *bellos, elegantes y suntuosos* pertenecientes a acomodadas familias rosarinas y el antiguo teatro de la Opera transformado en casa de comercio de Blyth, Lebas y Cía, que

Vista panorámica de la estación del Ferro-carril Central Argentino. Fuente: CARRASCO, G. (1886).

ostenta un salón de muestras considerado único en la Argentina. Presenta también una imagen de la Estación del Ferrocarril Central Argentino tomada desde los graneros.

La fascinación por los graneros, *gloria industrial de la Provincia de Santa Fe*, y toda su capacidad simbólica merecen una de las descripciones más extensas, desplegando toda la subjetividad que el plano oculta:

> "[...] *contiguo a la estación del Ferro-carril Central Argentino, se alza majestuoso un soberbio edificio, flanqueado por dos elevadas torres, dominado por una altísima chimenea, y lanzando hacia el río, como para detener a los buques que pasen a su lado, un monstruoso brazo en cuya extremidad se aperciben las bocas sombrías de dos grandes túneles.*
>
> *Aquel edificio de extraño aspecto, con siete pisos, coronado de humo, y en cuyas entrañas se perciben cien ruidos*

distintos, como si se renovaran en su interior los combates
de los monstruos antidiluvianos, es SIMPLEMENTE
un granero!
¡LOS GRANEROS DEL ROSARIO!"
(CARRASCO, 1886: 506)

Cuando Carrasco viaje en 1889 a la Exposición Universal de París, llevará consigo sus dos obras principales, la *Descripción geográfica* y el *Censo Provincial* de 1887 y con ellas viajan los dos mapas, devenidos en una retórica que describe una ciudad más vinculada al como debería ser, pero que se exhiben como realidades, actuando como dispositivos de una deliberada operación de persuasión incluida en un proyecto mayor que se propone incorporar a la Argentina en el sistema económico internacional.

Bibliografía:

DE MARCO, M. (1996) *Gabriel Carrasco*, Rosario, Editorial Municipal.

ENSINCK, L. (1963) "Gabriel Carrasco. Precursor de los estudios estadísticos, geográficos y meteorológicos en la Argentina", en *Revista Historia de Rosario*, Año I, N° 4, Sociedad de Historia de Rosario.

HARLEY, J.B. (2005): *La nueva naturaleza de los mapas*, México, FCE.

FRUTOS DE PRIETO, M. (1984) "Ideas de Gabriel Carrasco sobre la política poblacional en Argentina", en la *Revista Historia de Rosario*, Año XXIII, N° 36, Sociedad de Historia de Rosario.

Fuentes bibliográficas:

CARRASCO, G.:
— (1876): *Guía civil y comercial de la ciudad de Rosario y su Municipio. Rosario*, Imprenta de E. Carrasco.
— (1881) *Datos estadísticos de la provincia de Santa Fe*, Rosario, Imprenta de E. Carrasco.
— (1882) *Descripción Geográfica y Estadística de la Provincia de Santa Fe*, Rosario, Imprenta de E. Carrasco.
— (1886) *Descripción geográfica y estadística de la Provincia de Santa Fe*. 4° edición, Buenos Aires, Imprenta, Litografía y Encuadernación Stiller & Laas.
— (1888) *Primer Censo General de la provincia de Santa Fe (República Argentina, América del Sur) verificado bajo la administración del Dr. D. José Galvez, el 6,7 y 8 de junio de 1887. Tomo I, Libro I Censo de población*, Buenos Aires, Imprenta de Jacobo Peuser.
— (1888) *La provincia de Santa Fe. Revista de su estado actual y de los progresos realizados*. Imprenta de P. Coni e Hijos.

Iniciativas oficiales y efectiva transformación del territorio. Los pueblos Saladillo, Sorrento y Fisherton

Andrea Basso, Jorge Español

El trazado de Rosario según el plano de Coll

Por Ordenanza del 25 de octubre de 1868 se había dispuesto la apertura de los bulevares Santafecino (hoy Oroño) y Argentino (hoy Pellegrini) que enmarcarían el núcleo central de la ciudad. Una nueva disposición, del 13 de junio de 1873, impulsada por el concejal Manuel Coll, sectoriza a Rosario en cuatro secciones: la *ciudad*, dentro de los antedichos bulevares; los *extramuros*, término seguramente devenido de la organización de las ciudades amuralladas europeas, entre la primera y la segunda ronda de bulevares; los *suburbios*, fuera de esta última y el *bajo*, por debajo de la barranca, es decir el sector de actividades portuarias con precarias instalaciones.

De estas disposiciones da cuenta el llamado "Plano de Coll" de 1875, adjudicado por Mikielievich al agrimensor Grondona. En él se destaca el trazado de urbanizaciones periféricas en

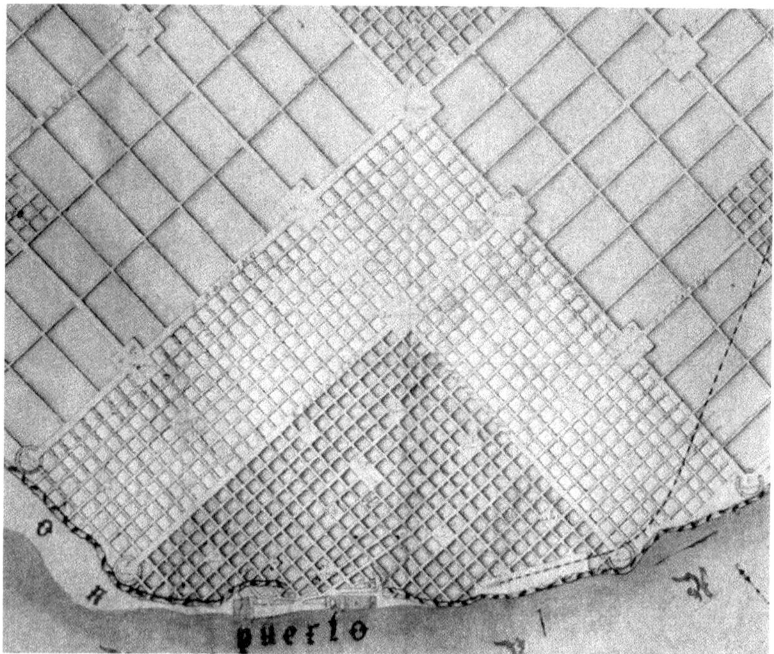

Plano de Rosario. Manuel Coll, 1875.

los suburbios, que responden al proyecto de tres aldeas: *"una hacia el Saladillo, otra hacia el Ludueña y la tercera en San Francisquito"*, según lo indicado por la Ordenanza de 1873.

Teniendo en cuenta el extraordinario impulso que la ciudad tuvo en esos años, ese plano no puede entenderse con otro sentido que no sea la ilustración del proyecto de ciudad moderna y pujante que intentaba propulsar, entre otros, Manuel Coll con la ordenanza citada anteriormente.

Ciertamente, la extensión real de la ciudad era muy inferior a la representada en él:

> *"... pero no nos ilusione ver en ese plano tantísimas man-*
> *zanas como muestra, pues pintadas están la mayoría, que*
> *no pobladas. Buena parte de las calles esperan ser abiertas,*
> *la ciudad real no se aparta arriba de diez o doce cuadras de*
> *la plaza, y de ahí para afuera sólo hay ranchos dispersos,*
> *quintas, potreros..."* (ÁLVAREZ, 1998: p. 350)

Podemos apreciar en el plano, con su cuidadoso sombreado y con la regularidad de su trazado y de la disposición de plazas, una composición muy aplicada que privilegia los valores inherentes a la racionalidad abstracta de la geometría por sobre algunos datos de la realidad como, por ejemplo, la preexistencia del desordenado rancherío en torno al oratorio de San Francisquito de 1832.[1]

Puede considerarse este plano en correspondencia con la realidad, solamente en lo concerniente al trazado del núcleo central, la única sección de la ciudad en la que se representan arterias y plazas acorde con lo existente; no constituyéndose en modo alguno como relevamiento de densidades de ocupación.

Por otro lado, el diseño del trazado de las tres aldeas que se fundarían según la Ordenanza de 1873, en composición simétrica, reafirman no sólo el rumbo de las calles efectivamente existentes en la ciudad sino también la universalidad de la cuadra cuadrada[2] como módulo bidimensional excluyente, como

---

1. Según muestra el plano de Araya de 1895, el mismo no constituye por esas décadas, más que un conjunto desordenado de casas que no respetan en absoluto la cuadrícula. El *"Plano General del Municipio del Rosario de Sta. Fé. 1895. Publicado por el Departamento Municipal de Obras Públicas. Director Ingro. Ramon Araya"* constituye un minucioso relevamiento de todo lo edificado y principales servicios de infraestructura.
2. La trama cuadricular de casi 130 × 130 metros de Rosario es producto del empleo de la unidad de longitud "cuadra", equivalente a 150 varas coloniales.

unidad repetitiva e inalterable para los sectores edificables, previéndose módulos rectangulares y de mayor dimensión para los suburbios.

Crecimiento de Rosario y fundación de aldeas y pueblos

En la segunda mitad del siglo XIX, mientras la población de Rosario aumenta aceleradamente, algunos de los grupos empresarios que llevan adelante la transformación de la ciudad promoviendo e invirtiendo no sólo en industrias (fundamentalmente ligadas a la alimentación), sino también en instalaciones portuarias, transportes ferroviarios y de tramways a caballo, iluminación primero a gas y luego eléctrica, y fuerza motriz por ese fluido; también actúan directamente como inversores en el campo de la construcción, abarcando al mismo tiempo tanto la edificación de viviendas como emprendimientos de loteos de mediana escala y la fundación de aldeas y pueblos. A menudo los propietarios de grandes extensiones de tierra en los suburbios consiguen la concesión de la línea de tramways correspondiente, lo que logra vincular efectivamente su propiedad con la ciudad. De esta manera resulta altamente lucrativa la actividad de urbanización, loteo y venta de sus tierras. En el efectivo crecimiento de la ciudad,

> "[…] *la creación de estaciones intermedias* (de ferrocarril) *dentro del mismo territorio del municipio, da origen a una serie de pueblos o urbanizaciones periféricas, las cuales, servidas casi contemporáneamente por las líneas de tranvía, serán la base de formación de una organización urbana profundamente diferente a la de los períodos anteriores, donde los desarrollos no se producirán más en forma*

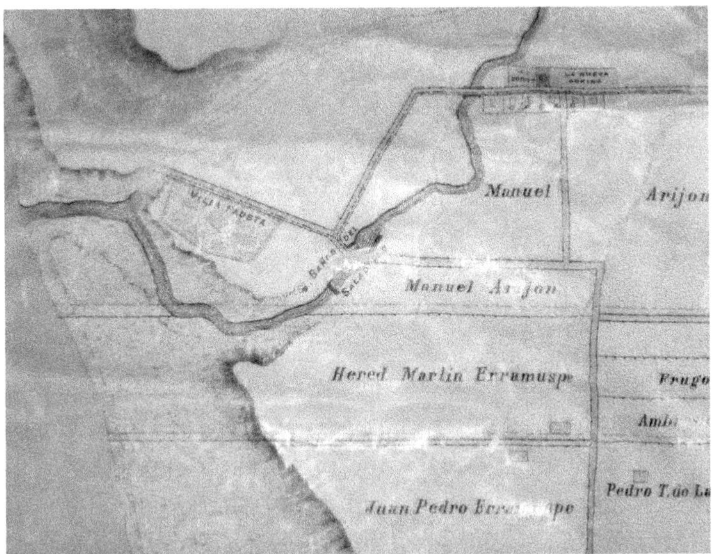

Plano de Rosario. Ing. Araya, 1895. Sector Pueblo Saladillo. El plano de aproximadamente cuatro metros cuadrados de superficie, fue confeccionado con el norte hacia abajo y el río hacia la izquierda.
Fuente: Archivo Dirección General de Catastro. Municipalidad de Rosario.

*homogénea por agregación de manzanas, sino a través de
la fusión entre núcleos nuevos o existentes o de la dispersión
a lo largo de las grandes líneas fijas de infraestructura"*
(MARTÍNEZ DE SAN VICENTE, 1985).

Del trazado espontáneo al ordenado por la especulación: El caso Saladillo

Manuel Arijón[3] funda el Pueblo Saladillo en cercanías del arroyo que le diera nombre, a poco de haber adquirido esas tierras en 1881 a la sucesión de Juan Frías. El borde norte de la aldea coincide con el de la lonja de su propiedad y llega hasta el límite sur del Municipio.

En el plano de 1895 del Departamento Municipal de Obras Públicas, bajo la dirección del Ing. Ramón Araya, en el que se relevan todas las edificaciones de Rosario, se aprecia claramente que el Pueblo Saladillo a más de una década de su fundación, consiste únicamente en la gran residencia de Arijón "Villa Fausta", los "Baños"[4] y una serie de seis "Casas" bordeando el límite sur del municipio, enfrentadas a una gran construcción, "La Corina" y "La Nueva Corina". Los Baños aparecen intercalados en el brazo norte del arroyo, en tanto el brazo sur se dibuja en línea de trazos, probablemente atendiendo al origen artificial del mismo.[5] Por su

---

3. Manuel Arijón, inmigrante gallego, llegó de muy joven a Rosario, donde residió toda su vida, llegando a ser propietario de importantes áreas urbanas.

4. Las instalaciones de los Baños consistían básicamente en un enorme piletón de cemento de aproximadamente 85 por 25 metros, que se interponía en el arroyo, flanqueado por ochenta pequeñas habitaciones-toilette, con respectivas piscinas privadas.

5. *"Hasta el año 1885 no existía el brazo sur del arroyo Saladillo. Anteriormente era un zanjón barrancoso al que se le llamaba Boquerón o Barrancas del Sur. Al construir Manuel Arijón los primitivos Baños del Saladillo, hizo hacer en ese lugar algunas obras de canalización para dar salida al exceso de agua necesaria al balneario, originando de tal manera el referido brazo sur".* Ver

Los baños del Saladillo.
Fuente: Colección iconográfica rosarina de Wladimir C. Mikielievich. Sociedad de Historia de Rosario. Biblioteca eLe Edit. Del libro electrónico.

parte, la ubicación de las calles no responde al de la cuadrícula de la ciudad como tampoco a ninguna regla geométrica ordenadora. Más bien pareciera que el mismo es consecuencia de sucesivas aperturas de calles atendiendo más a particularidades que a una idea de conjunto.

Evidentemente, a juzgar por el tiempo transcurrido entre la fundación del Pueblo, la inauguración de los Baños en 1887 y lo mostrado por el plano de 1895, en el que la aldea se revela como poco menos que un descampado, el propósito de Arijón no habría sido el de urbanizar el sector sino el de disfrutar del arroyo y, en todo caso, explotarlo comercialmente por medio del complejo balneario de su propiedad.

"Apuntes Didácticos. Estampas del pasado", en *Revista Sociedad de Historia de Rosario N° 10. La ciudad de ayer y de hoy. Historia de Rosario. Colección iconográfica rosarina de Wladimir C. Mikielievich. Biblioteca eLe. Edit. del libro electrónico.

Antiguas Residencias por Av. Arijón.
En el plano de 1895 se las designaba como "Casas".
Fotografías: Archivo equipo de investigación.

Hacia fines del siglo XIX existe la creencia que las aguas del arroyo tienen propiedades medicinales, se las supone yodadas lo que les confiere poderes curativos. Esa convicción unida a la belleza natural de sus pequeñas cascadas o quebradas hace de la zona una verdadera atracción turística a escala local. Con notable visión comercial, Arijón había construido los Baños del Saladillo en su curso.

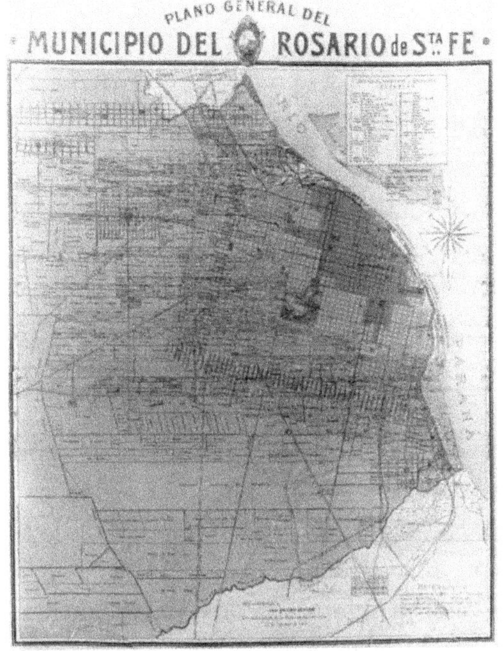

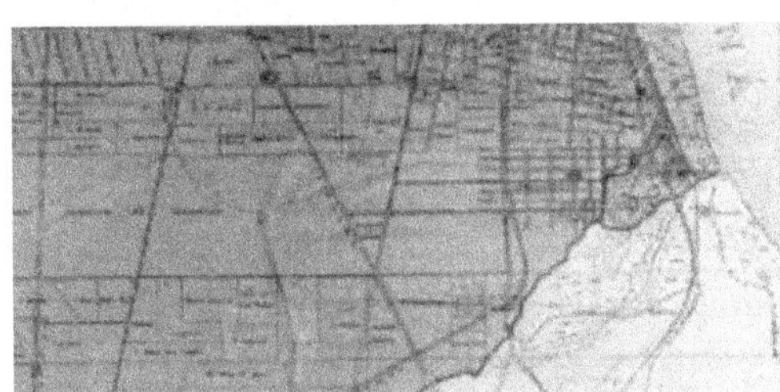

Plan de Rosario, 1909. Int. Isidro Quiroga. Vista completa y sector Pueblo Saladillo. Fuente: Archivo Museo Histórico Provincial.

Aunque el plano del Ing. Araya no da cuenta de ello, a la aldea llega la línea 8 de tramways a caballo que, también propiedad de Arijón, parte desde la Plaza López y termina su recorrido en Puerto Plaza, pequeño muelle que el concesionario manda a construir en 1885 junto a la desembocadura del arroyo.

A poco de morir Manuel Arijón, en 1906 sus sucesores venden tierras, derechos de explotación del arroyo, sus Baños y la concesión de tranvías, a la Sociedad Anónima del Saladillo, integrada por Bartolomé Vasallo y Juan B. Castagnino, entre otros poderosos ciudadanos locales.

De esta época data el trazado que se puede observar en el plano del Intendente Isidro Quiroga de 1909.[6] El pueblo se estructura longitudinalmente a partir de dos avenidas principales: Rosario y Arijón, desde el brazo norte del arroyo hasta la Avda. San Martín. El Camino Ayacucho lo divide en dos sectores de similar superficie. A su vez, la zona este, tiene el centro de su composición en el cruce de Avda. Rosario y Avda. Schiffner (hoy Castro Barros) en donde se ubica la plaza.

El trazado no guarda ninguna relación con las calles de la aldea de M. Arijón, excepto por el pequeño tramo de una cuadra de la calle Atahualpa. El camino de dirección este-oeste que desembocaba en los Baños no coincide con la Avda. Rosario, eje longitudinal del trazado.

La ya mencionada cuadra cuadrada del plano de Coll es reemplazada al este de Ayacucho, por un formato de manzana alargada, de aproximadamente 210 × 110 m, más ventajoso a efectos de realizar un loteo con dimensiones de terrenos más regulares.

Presumiblemente de esa época es también el plano de loteo de la Sociedad, en el que se visualiza el mismo trazado y también el fraccionamiento de las manzanas al este de Ayacucho, en pequeños lotes. Hacia el oeste de ese Camino, no existe partición alguna continuando seguramente como zona de chacras. Sobre

---

6. *Plano General del Municipio del Rosario de Santa Fe*, reproducción de la casa Jacobo Peuser, por autorización de la Municipalidad de Rosario, de fecha 22 de octubre de 1910. Reproducción del Plano municipal del Intendente Isidro Quiroga del 23 de agosto de 1909, levantado por el Departamento de Obras Públicas, Ing. Director Ramón Araya.

El tramway se concretará recién en 1887, por la acción de varios propietarios de tierras, interesados en el futuro inmobiliario de las mismas. En febrero de 1905, el Intendente promulgaría la ordenanza llamando a licitación para la instalación de tramways eléctricos en el Municipio, que comenzarían a circular en octubre de 1906. Ver MIKIELIEVICH, W: "El tramway", en *Revista de Historia de Rosario*, Año VI, N. 15-16, Sociedad de Historia de Rosario.

Avda. Arijón aun permanecen las seis mansiones alineadas, ocupando cada una de ellas un cuarto de manzana aproximadamente. También se observa, próximo a los Baños, el "Buffet-Restaurant de los Baños", construido por la S. A. del Saladillo.

En la revista folleto de esa Sociedad, editada a fines de publicitar el loteo a poco de constituirse la empresa, se destacan notablemente las cualidades naturales del arroyo y la construcción de los Baños. Se enuncia que *"existen ya casas-quinta y chalets ocupados por familias [...] y entre los proyectos próximamente á realizarse existen la instalación de aguas corrientes y la construcción de un hermoso templo"*, y se incluyen fotografías de los suntuosos palacios o chalets de la viuda de Arijón, de Víctor Ferreyra, y de los accionistas de la S.A., Constantino Raffo e Ing. Abel Pagnard y otros.

Desde su fundación, el Pueblo Saladillo se había revelado como un núcleo de muy baja densidad poblacional, asentamiento permanente o más usualmente de fin de semana de una porción de la "aristocracia" rosarina, como así también un prominente centro turístico *"para los nadadores y los aficionados a bañarse al aire libre, [...] no habiendo en toda la República un lugar más aparente, una construcción mejor lograda y aguas más ventajosamente reconocidas"*, según afirma entusiastamente la publicación.

Sin embargo, el tamaño de los lotes, visiblemente inferior a los de las seis mansiones antes mencionadas y de otras que también se representan, evidencia que la S.A. del Saladillo encuentra su mejor rentabilidad en la venta de terrenos a sectores sociales no tan poderosos, que paulatinamente completarían la trama con viviendas menos suntuosas, aunque pretendiendo preservar el carácter recreativo del lugar. La Sociedad se propone *"atraer á los potentados y á los humildes, á aquel pedazo de tierra que parece transplantado de los valles de Suiza"*.

La instalación en 1924 del Frigorífico Swift Rosario,[7] sobre la margen sur del brazo sur del arroyo[8] unida al establecimiento en la zona de gran cantidad de inmigrantes lituanos, rusos y de otros países de Europa central y oriental que emplean su fuerza de trabajo en la planta, cambiarían definitivamente el carácter del antiguo Pueblo Saladillo.

---

7. La empresa que los hermanos Charles y Harold Swift habían creado alrededor de 1860 en Chicago se asienta en Argentina en 1907. La planta Rosario se construyó en 1924 en un predio de más de sesenta hectáreas y fue equipada con moderna maquinaria. Ver ROMERO AGUIRRE, M.: *Ganadería argentina, su desarrollo e industrialización. Historia de la ganadería y la industria frigorífica en la República Argentina*. Presentado por Cia. Swift de La Plata S.A. 1957.

8. Las cámaras provinciales establecen en 1913 que el brazo norte del arroyo operará como división entre los municipios de Rosario y Villa Gobernador Gálvez. En 1933, por Ley Provincial N. 2344, se establece que el límite será el brazo sur.

El trazado en función del loteo parcelario: El caso Sorrento

Los orígenes de Pueblo Sorrento se remontan a 1887 cuando do los empresarios Hércules Antonietti y Ernesto Brandt compran un amplio terreno de 1100 varas de ancho entre las actuales calles Washington y Juan B. Justo, frente al río Paraná justo al norte del Arroyo Ludueña, que se extendía hasta la línea del Ferrocarril Buenos Aires a Rosario, línea Sunchales. Allí proyectan dos años más tarde, su traza, lindante con el emprendimiento iniciado hacia 1876 por Nicolás Puccio, la fundación de Pueblo Alberdi, junto a la construcción del ferrocarril y del tramway a vapor que uniría Rosario con San Lorenzo.[9] La denominación del pueblo se debe a la similitud que en esas tierras Brandt cree encontrar con su Sorrento natal en la región de Nápoles.

En el plano de Pueblo Sorrento se destaca claramente el recorrido por Bv. San Martín (hoy Bv. Rondeau) de la línea 5 de tramways,[10] con cabeceras en el centro de Rosario y en Pueblo Alberdi. El trazado de Sorrento se asimila al de su vecino Alberdi, componiéndose por medio de pequeñas manzanas levemente rectangulares que permiten la continuidad de las calles en sentido norte-sur. El loteo saca partido de esta regularidad, particionando todas las manzanas de modo de obtener fracciones más o menos equivalentes. Estas parcelas contrastan visiblemente con otras de tamaño muy superior en las que se ha verificado la existencia de suntuosas residencias veraniegas, *"En Sorrento, recientemente fundado*

---

9. Para ello Puccio había previsto en su trazado de Alberdi, un ancho ingreso por el Boulevard San Martín donde se tenderían las vías del ferrocarril La Francesa.

10. El tramway se concretará recién en 1887, por la acción de varios propietarios de tierras, interesados en el futuro inmobiliario de las mismas. En febrero de 1905, el Intendente promulgaría la ordenanza llamando a licitación para la instalación de tramways eléctricos en el Municipio, que comenzarían a circular en octubre de 1906. Ver MIKIELIEVICH, W: "El tramway", en *Revista de Historia de Rosario*, Año VI, N. 15-16, Sociedad de Historia de Rosario.

Plano de loteo Pueblo Sorrento. Fuente: Dibujo de autores sobre original. Se destaca el recorrido de la línea 5 de tramways, con sus ramificaciones.

Quinta Mazza. Fuente: Colección iconográfica rosarina de Wladimir C. Mikielievich. Sociedad de Historia de Rosario. Biblioteca eLe Edit. Del libro electrónico.

se han levantado muchísimos y pretenciosos chalets y casas de campo, de propiedad de ricos vecinos de Rosario" (CARRASCO, 1893). Estas constituyen lugares propicios para reuniones sociales tanto como mojones del paisaje adecuado para paseos campestres. Tal vez la más representativa de estas residencias es la Quinta Mazza, propiedad del empresario Agustín Mazza, intendente de la ciudad en 1890 (ubicada en el emplazamiento de la actual usina Sorrento), que más tarde fuera convertida en un salón de bailes populares bajo el nombre de Victoria Park. En el plano de loteo del pueblo se indica una ramificación del recorrido del tramway que llega hasta su frente.

Más allá de que sin duda, el "Hipódromo Rosario" resulta lo más llamativo del plano debido a su extensa superficie, el mismo ha constituido seguramente un hito dentro del pueblo. Así también lo testimonia la literatura:

> *"Siempre á mi frente, pero mucho más á mi derecha, veo claramente, el grandioso edificio del Hipódromo Rosarino, con sus inmensas alas cubiertas de graderías de madera en que reposan los espectadores, y su torre cuadrada que lo señala a la distancia"* (CARRASCO, 1893)

Desde su inauguración en 1888, a la que asiste el Presidente de la Nación Carlos Pellegrini, el Hipódromo de Rosario[11] resulta ser un notable foco de atracción social y el elemento fundacional del sector, aunque permanece activo sólo hasta 1902. La existencia misma del Hipódromo en su trazado, nos habla de

---

11. En 1885 la Sociedad Anónima Hipódromo de Rosario compra a Antonietti y Brandt una fracción comprendida entre el Boulevard San Martín y las vías para construir su estadio hípico. Al inaugurarse en 1902 el Hipódromo del Parque de la Independencia, el de Sorrento comienza a declinar, para terminar siendo adquirido por Pedro Goyenechea, quien lo lotea en 36 manzanas que constituyen el barrio Goyenechea Escauriza.

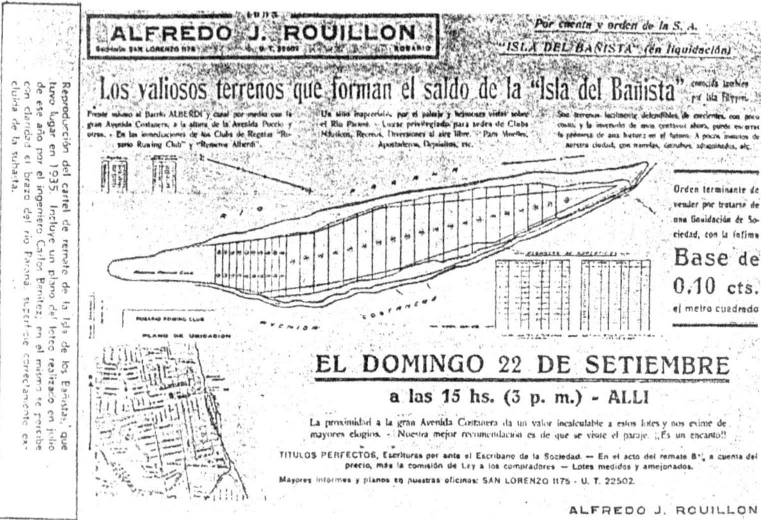

Reproducción del cartel de remate de la Isla de los Bañistas, que tuvo lugar en 1935. Incluye un plano del loteo realizado en julio de ese año por el ingeniero Carlos Benítez; en el mismo se percibe con claridad el brazo del río Paraná, superficie correctamente excluida de la subasta.

Plano del loteo Isla de los bañistas. Se incluye en el mismo el plano de sector pueblos Alberdi y Sorrento. Fuente: Revista de Historia de Rosario, Año VI, N° 15-16.

la disponibilidad de grandes parcelas de tierra y del carácter propenso a las actividades recreativas y lúdicas del Pueblo Sorrento.

Puede notarse también en el mismo plano de loteo, el tercio inferior de la "Isla de los Bañistas",[12] espontáneo recreo fluvial compartido con Pueblo Alberdi, aunque bajo la exclusiva jurisdicción de esta última. En la zona de la isla, el río "[...] *se vestía de fiesta, con los botes de los clubes de regatas y la alegre blancura de las velas de los yates que lo surcaban en todas direcciones. Despreocupadas muchedumbres*

---

12. En 1912 se forma la S.A. Isla de los Bañistas, de la que forma parte Brandt como accionista y director, la que planifica un trazado y efectúa un loteo. A partir de entonces se establecen en la isla algunos clubes de remo. Pero en la década de 1930, al ubicarse unas pocas areneras en la misma, el canal comienza a cegarse, pasando la isla a formar parte de la costa. Ver GOMBOS, T. "Una isla suprimida. Historia de la Isla de los Bañistas", en *Revista de Historia de Rosario*, Año VI, N. 15-16. Sociedad de Historia de Rosario.

acudían a pasear por la costa" (WÉYLAND, 1968). Recién durante los años '30 se habilitaría el Balneario Municipal de La Florida.

Desde la construcción de la Gran Usina[13] y de sus estructuras complementarias, y con la sucesiva subdivisión de los lotes, la bucólica villa veraniega de Pueblo Sorrento, iría mutando ese carácter hacia un perfil más acorde con esos y otros establecimientos industriales y de servicios.

El trazado autónomo: El caso de Fisherton

No sólo el tramway colabora en la urbanización de los pueblos; entre los principales dispositivos modernizadores de Rosario se cuenta el transporte ferroviario tanto de cargas como de pasajeros. La vinculación por tren de Rosario con Córdoba sería fundamental para colocar al puerto local en un lugar de preponderancia.

El trazado del Pueblo de Henry Fisher, principal directivo financiero y jurídico del Ferrocarril Central Argentino, se organiza a partir de tres calles principales, de norte a sur, Avda. Brassey, Bv. Argentino y Avda. Morrison, separadas unos 150 metros entre sí y que siguen el rumbo de la lonja resultando un pequeño ángulo con respecto a la dirección de la vía. El centro de la composición se presenta en la intersección del Bv. Argentino con el eje norte-sur, constituido por la calle Victoria (hoy Wilde), que al cruzarse

---

13. La Gran Usina de Generación de Sorrento, propiedad de la Sociedad de Electricidad de Rosario SER y ubicada en calle Bella Vista (hoy José Hernández) y Avda. Sorrento, entra en funcionamiento en 1911. Fue proyectada para una capacidad muy superior a la de todas sus antecesoras. Ver BASSO, A., CICUTTI, B. y ESPAÑOL, J.: "Usina Sorrento. Consideraciones en torno a sus implicancias arquitectónicas y urbanas", en *El patrimonio de la industria, la infraestructura de servicios y el transporte. Revalorización crítica y perspectivas de rehabilitación.* Secretaría de Planeamiento Urbano MCR. Agosto 2003.

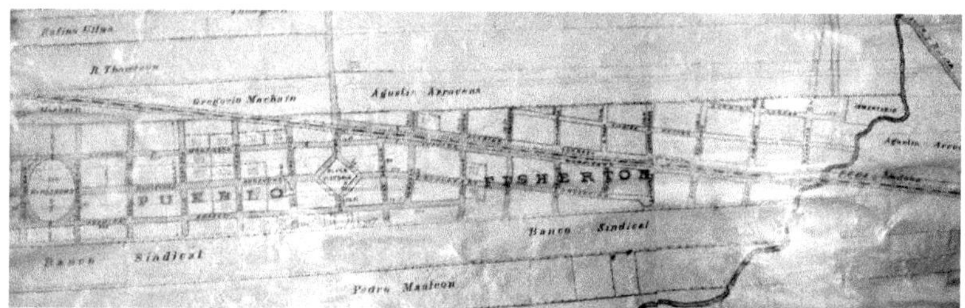

Plano de Rosario. Ing. Araya, 1895. Sector Pueblo Fisherton. Fuente: Archivo Dirección General de Catastro. Municipalidad de Rosario.

forman la plaza homónima, girada 45 grados, para concluir en la estación de trenes. Recién en la década de 1930 se completaría el conjunto con la ubicación de la capilla Cristo Rey, en posición simétrica a la de la estación.

Hoy conviven en el sector tres direcciones: la de la vía ferroviaria, que responde al recorrido más corto para la vinculación entre Rosario y Córdoba y que diera sentido a la fundación del pueblo; la de las lonjas, en coincidencia con los puntos cardinales, que se adoptó para el trazado de las calles y el loteo, y la del centro de Rosario que se haría evidente con la prolongación de calle Córdoba. Esto muestra claramente que la composición del pueblo Fisherton se hizo con prescindencia de los criterios fundados en el plano de Coll.

La pretendida autonomía del Pueblo de Fisherton se manifiesta en la previsión de funciones representativas, tales como juzgado, templos, instituciones educativas y hospitalarias, e incluso cementerio.[14] Asimismo la designación de muchas de

---

14. En el trazado se previó la donación al Gobierno Provincial de *"ocho lotes de terreno para distintos fines, a saber: Juzgado de Paz (1.750 metros cuadrados); Templo Católico (1.500 metros cuadrados); Escuela de Varones (1.750 metros cuadrados); Templo Protestante (1500 metros cuadrados);*

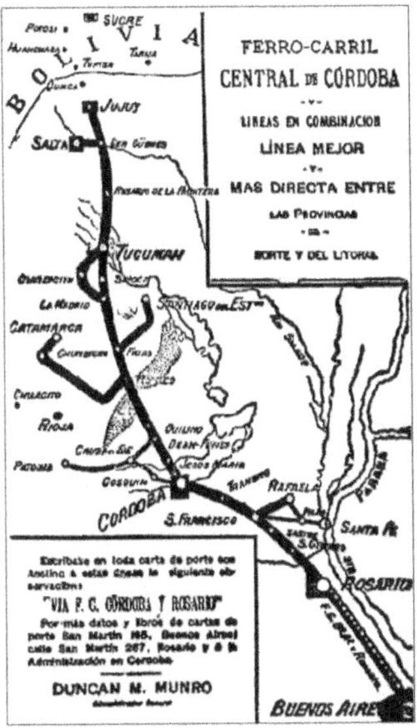

Publicidad del Ferrocarril.

Estación Antártica Argentina en Fisherton. Fotografía: Archivo equipo de investigación.

las calles transversales, de orientación norte-sur, con idénticos nombres que otras tantas del centro de la ciudad, pueden interpretarse como la firme voluntad de fundación de una comunidad independiente aun en un territorio con jurisdicción en la ciudad de Rosario. Nombres de altos directivos de los ferrocarriles ingleses y provincias argentinas parece ser la fórmula para nomenclar las calles del pueblo: Morrison y Brassey flanquean al Bv. Argentino conformando las arterias longitudinales.

En 1863 el Presidente Mitre había inaugurado simbólicamente la línea del Central Argentino, arribando la misma a Córdoba en 1870; dando origen a la línea de colonias cerealeras a lo largo

Escuela de Mujeres (2.100 metros cuadrados); Hospital (2.380 metros cuadrados); Lazareto (2.800 metros cuadrados) y Cementerio (25.750 metros cuadrados)". (LOCATELLI, 1974: 51).

Residencias Fisherton, vistas actuales. Fotografías: Archivo equipo de investigación.

de su trazado. Se concretaba así *"el más grande acontecimiento de la época"*, según el decreto oficial y era motivo de efusiva publicidad por parte de la Empresa.

En el devenir de su desarrollo, el Central Argentino construía sus talleres y depósitos del Cruce Alberdi, junto a los que edificaba el conjunto habitacional "Batten Cottage", para el personal administrativo jerarquizado y el "Morrison Building", para un grupo de obreros especializados que allí trabajan.[15] En cambio, para los funcionarios del ferrocarril que hacia fines del siglo pasado llegan de su tierra natal, el Pueblo de la Estación de Fisherton significaría la posibilidad de recrear una pequeña colonia inglesa en un verdadero paisaje campestre.

Para eso fue necesario que el Ferrocarril comprara en 1889 a Agustín Arocena los terrenos al sur y a José Arijón los del norte de la vía, aprobándose el 27 de julio de 1889 el trazado del Pueblo Fisherton, proyectado por el arquitecto inglés Eustace Lauriston Conder.[16]

---

15. Ver CICUTTI, B. y otros (1997): "Vivienda empleados Ferrocarril Central Argentino. Avenida Alberdi al 100", en *Conocer y cuidar la ciudad en que vivimos*. Secretaría de Planeamiento MCR y FAPyD UNR. La particular afición y habilidad de los obreros del ferrocarril hace que entre las instalaciones ferroviarias se funde en 1889 el Central Argentine Railway Club, hoy Rosario Central.

16. El estudio fue fundado por los arquitectos Conder y Farmer, a los que se unió en 1900

Observando el plano de 1895, puede notarse claramente la estación de trenes y una limitada cantidad de viviendas, casi todas en torno a Bv. Argentino y hacia el este de la Plaza Victoria. También puede verse, en el extremo este, una manzana oval en la que obra la leyenda "Hipódromo" aunque no se dibuja edificación alguna.

Hacia 1890 había comenzado la urbanización del sector por parte de la propia compañía del ferrocarril, la que vende y financia los terrenos. Las construcciones constituyen, al igual que los conjuntos aledaños a los talleres, una arquitectura pintoresquista típicamente inglesa, con ladrillos de prensa, cubiertas de zinc de importante pendiente, canaletas y caños de lluvia exteriores, chimeneas, etc. Apoyado en las estrechas relaciones que la Empresa mantiene con los grupos dirigentes, el Municipio colabora en la preservación de la imagen del pueblo a la vez que impulsa su desarrollo exonerando de impuestos para la construcción en Fisherton a través de la Ordenanza Nº 79 de 1890.

En el plano del Municipio (c. 1911)[17] se evidencia la ampliación de Fisherton al otro lado de la vía. En 1905 había sido prolongada Avda. Victoria por detrás de la estación de ferrocarril en el Bv. Gálvez, hasta unirla con Mendoza y, a través de esta última, con Eloy Palacios.[18] Esta vinculación con el vecino pueblo y desde

---

Sydney George Follett. La obra del Estudio Conder-Follett está indisolublemente ligada a la historia de los ferrocarriles ingleses al haber proyectado, entre otros edificios, la Estación Terminal de Retiro. Sin embargo, también se expandió, junto con el capital de ese origen, tanto en Buenos Aires como en el interior, diseñando casi todas las sucursales de Gath & Chaves, gran cantidad de templos y de viviendas. Ver: ARCA Archivos de Arquitectura Contemporánea Argentina; arca.org.ar

17. Fuente: Archivo CEUR, incluido en (Martínez de San Vicente, 1985).

18. El mismo año 1889 de la fundación del Pueblo Fisherton, Nicasio Vila había conseguido la concesión del Tramway del Oeste, determinante para la creación y consolidación del Pueblo Eloy Palacios, hoy barrio Belgrano. El conspicuo empresario de la escena rosarina estaba muy vinculado socialmente a personajes de la comunidad inglesa de Fisherton, con quienes coincidía, por ejemplo, en el muy exclusivo Rosario Cricket Club, hoy Atlético del Rosario.

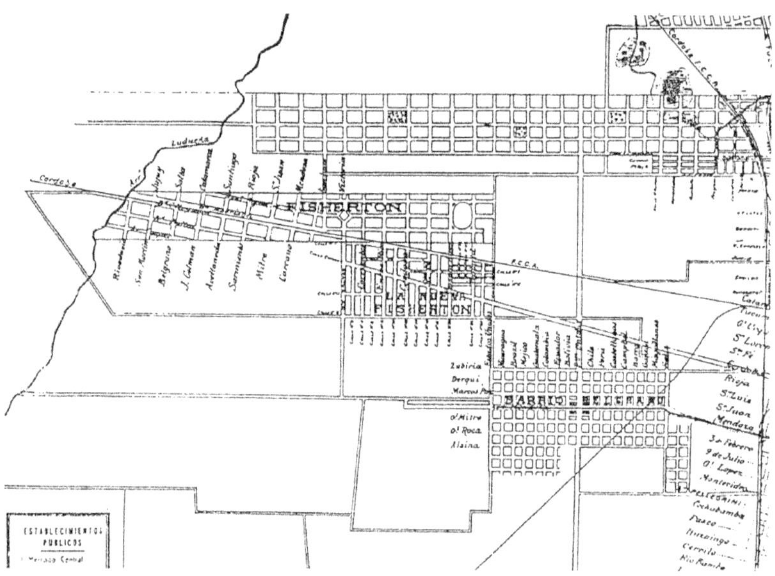

Plano de Rosario, 1911, fragmento. Fisherton, La Nueva Fisherton y Barrio Eloy Palacios. Fuente: Archivo equipo de investigación.

éste por tramway hasta el centro de la ciudad resulta la alternativa a la comunicación ferroviaria, que había sido la principal desde los inicios de Fisherton.

El nuevo emprendimiento inmobiliario, "La Nueva Fisherton", ocupa la lonja comprendida entre Estados Unidos (hoy absorbida por la Avda. Circunvalación) y Victoria y desde las vías del ferrocarril hasta la calle 9 (hoy Benegas). La sociedad formada por José María Martiñoli, Mr. John Christie, José Middleton y Francisco Cuesta, compra esos terrenos al ingeniero del ferrocarril Mr. Thompson y comienza la urbanización en 1907, llevando el agua corriente, la iluminación y el tranvía eléctrico. Se adoquina calle Córdoba desde Victoria hasta Provincias Unidas, dejando un carril central de tierra para el tranvía a caballo.

Plano de Rosario, 1915. Ing. Barberis, sector Fisherton. Dibujo sobre original. Fuente: Archivo equipo de investigación.

El trazado de "La Nueva Fisherton" se adapta al mismo rumbo de las manzanas del Pueblo Fisherton. Puede notarse a ambos lados de la vía, la continuidad de las calles Victoria/Bv. Gálvez (hoy Wilde), Corrientes (González del Solar), Entre Ríos (Tarragona), Córdoba (Sánchez de Loria), Santa Fe (Colombres), Buenos Aires (Donado), Theobald (Venezuela) y Estados Unidos de oeste a este. Pero la preexistencia de la mencionada vía y la continuación de la Avda. Córdoba con la misma dirección de los Bulevares Santafecino y Argentino según Ordenanza de 1894, conspiran contra la regularidad de la cuadrícula, provocando que la mayoría de las esquinas resulten no ortogonales. Asimismo la dimensión de las manzanas y su clara proporción alargada, hablan del menor tamaño de los lotes comparándolos con los del vecino pueblo de los directivos del ferrocarril y, en última instancia y en líneas generales, de distintas jerarquías sociales.

Si bien en 1911 el Municipio aprueba los planos de la nueva urbanización, por mucho más tiempo persistiría el paisaje campestre. En el plano de 1915 del Ing. Barberis,[19] de relevamiento de lo construido, se cuentan unas pocas cuadras consolidadas, mayormente en torno a calle Entre Ríos. No se indica aun el Club Atlético Fisherton que se fundaría ese mismo año, en terrenos aledaños a la vía. Asimismo, en 1922 será proyectado por el Ing. Arq. Ángel Guido un "Hipódromo y Barrio del Turf"[20] en la Quinta de Arocena, predio en el que en 1936 se establecería el Country del Jockey Club.

Previsiones oficiales de crecimiento y urbanizaciones privadas

Evidentemente, no son equivalentes las circunstancias de creación de los distintos pueblos analizados pero vale mencionar, como rasgo común, que en ningún caso se relacionan con Rosario más allá de lo que establecen funcionalmente los distintos medios de transporte. Posiblemente, ninguno de los fundadores entrevió la posibilidad de que en el futuro se completara el tejido entre ciudad y periferia como finalmente resultaría mucho después.

Por otra parte, corresponde mencionar que los criterios urbanísticos decimonónicos diferían bastante de los actuales: entre otras cosas, se privilegia la unidad de la composición organi-

---

19. Plano del *"Municipio de Rosario. Publicado por el Departamento Municipal de Obras Públicas. Ing. Dir.: Juan Barberis. Intendente Municipal: Dr. Oscar C. Meyer. Secretario: Pedro Palenque. 1915"*.
20. Ver MIDDLETON, G. A. y ZANNI, L.: *Proyecto de Hipódromo y Barrio del Turf en Fisherton.* Propuesta presentada al Jockey Club de Rosario, en ocasión de la Licitación Octubre 31 de 1922.

zada por medio de rigurosos trazados geométricos que se valen de múltiples ejes de simetría especular, principales y secundarios. El plano de Coll puede interpretarse a partir de esas directrices: su disposición con el norte girado hacia la derecha, es decir con el río hacia abajo, además de las interpretaciones que justifican esta posición ya que se le habría asignado al Paraná el rol de puerta o ingreso a la ciudad, tiene el inequívoco efecto de exacerbar el rigor de la geometría que lo organiza.

Los pueblos analizados no fueron dotados de ninguna vocación de integración formal o morfológica con el núcleo central de la ciudad. En el caso de Sorrento, más allá de la circunstancia de no formar parte la jurisdicción rosarina, sí existe una voluntad de asimilación aunque no con este municipio sino con su vecino Pueblo Alberdi. Tanto el fundador de Saladillo como la sociedad que produjo su loteo como los promotores de Fisherton ,entendieron a sus emprendimientos –aun dentro de la jurisdicción de Rosario– como algo distinto, con sus propias características y reglas de composición; ya que la gran extensión de campo abierto que los separaba de la *ciudad* constituía otro argumento –imprescindible– para acentuar esas características distintivas.

Pero, a su vez, las proyecciones de crecimiento de Rosario evidenciadas en los sucesivos planos, la proyectaban creciendo en ronda cual "mancha de aceite". No había sido prevista la fundación de pueblos periféricos tal como fue produciéndose por iniciativa privada, excepto en lo que respecta al plano de 1875 en el que se los consideraba como "ensanche" de la ciudad. Esto es, los sucesivos planos de la ciudad dan cuenta de los pueblos y aldeas una vez aprobada su fundación, no antes. Tanto es así que recién en 1909, cuando ya están fundados, trazados y consolidándose todos los pueblos y aldeas periféricas; el Intendente Isidro Quiroga emite la idea de un plan regulador que ponga límite a nuevas urbanizaciones a manos privadas.[21] En esas circunstancias, el Concejo Municipal prohíbe la creación de nuevos barrios a menos que los promotores se comprometan a costear los servicios públicos imprescindibles, a la vez que corrige la Ordenanza de 1894 que tomaba como base del trazado urbano los ejes de los bulevares de la primera ronda.[22] De ahí en más los ejes serían coincidentes con las lonjas, tal como ya habían sido trazados todos los pueblos por iniciativa privada.

La ciudad de Rosario renunció voluntariamente o por imperio de las circunstancias del poder económico, a regular su crecimiento por fuera de los límites de lo efectivamente construido. Se ajustó a aprobar las iniciativas de los empresarios privados, que mandaron a trazar en forma particular los pueblos que fundarían.

Bibliografía

ÁLVAREZ, J. (1998) *Historia de Rosario* (1869-1939), Rosario, UNR Editora-Editora Municipal de Rosario.

BEMBO, S. y otros (1991) "Barrio Saladillo: pasado y presente". Revista *Rosario. Historias de aquí a la vuelta* N° 15, Rosario, Edit. De aquí a la vuelta.

Censo Histórico Social, Comercial é Industrial de Rosario, en el 2° centenario de su fundación. 1725-1925. Rosario, Ernesto Brancucci y Cía. Editores.

---

21. Ver ÁLVAREZ, 1998: 453.

22. De la lectura del plano de 1895, y como también hace notar Locatelli, surge que estos ejes están girados 13°52'30" con relación a las lonjas de propiedad, que tienen una orientación muy aproximada a este-oeste. Ver LOCATELLI, 1974: 173.

CAMPAZAS, A. (1997) *Historia de los barrios de Rosario. Rosario.* Editorial Homo Sapiens.

CAMPAZAS, A. (1992) "La conquista del oeste". Revista *Rosario. Historias de aquí a la vuelta* N° 18, Rosario, Edit. De aquí a la vuelta..

CARRASCO, G. (1893) *Cosas de Rosario, Recuerdos, cuentos e impresiones.* Buenos Aires.

CICUTTI, B. y otros (1997) *Conocer y cuidar la ciudad en que vivimos.* Rosario. Secretaría de Planeamiento, Municipalidad de Rosario y FAPyD, UNR.

CIGNOLI, F. (1981) *Fundación y formación del Pueblo Alberdi.* Rosario.

DE MARCO, M. A. (1996) *Rosario, desde sus orígenes hasta nuestros días. Síntesis histórica.* Rosario. Edit. Fundación Ross.

IELPI, R. (1998) *Vida Cotidiana. Rosario 1900-1930.* Rosario. Borsellino Impresos SRL.

DIARIO LA CAPITAL DE ROSARIO (07, 13, 20 y 27/07/1997). "La historia de Rosario desde la mirada cómplice de sus vecinos. Capitel en Barrio Sarmiento"

LOCATELLI, D. (1974) *Historia de la propiedad territorial en el municipio de Rosario.* Rosario. Municipalidad de Rosario. Dirección General de Topografía y Catastro.

MARTÍNEZ DE SAN VICENTE, I. (1985) *La formación de la estructura colectiva de la ciudad de Rosario.* Cuadernos del CURDIUR N° 7. FAPyD UNR.

MARTÍNEZ DE SAN VICENTE, I. (2003) "Las colonias ferroviarias de la Central Argentine Lands Company. Apuntes para una rehabilitación del paisaje ferroviario", en B. Cicutti, B.Ponzini comp., *El patrimonio de la industria, la infraestructura de servicios y el transporte. Revalorización crítica y perspectivas de rehabilitación.* Secretaría de Planeamiento Urbano MCR.

MARTÍNEZ DE SAN VICENTE, I. (1986) "Los instrumentos del proyecto público en la construcción de la ciudad. Planes y proyectos para Rosario 1890/1910". Cuadernos del CURDIUR N° 12, FAPyD, UNR.

WÉYLAND, W. G. (1968) *El chalet de las ranas*. Buenos Aires. Editorial Losada.

La imagen cartográfica y la mirada del viajero.
Santiago Rusiñol y el Rosario del 900

Miguel Garrofé

La cultura del viajero y la experiencia de lo ajeno

Los relatos escritos de viajeros constituyen un aporte al conocimiento del territorio, en tanto las diferencias culturales del visitante permitan entender lo visitado como ajeno o no propio, reconociendo la otredad de lo diferente y de sus identidades locales. A este género literario se adscribe el pintor, escritor y dramaturgo catalán Santiago Rusiñol (1861-1931) cuando en su libro *Un Viaje al Plata* (1911)) aborda con una mirada crítica el descubrimiento de la geografía y de la sociedad en su visita a la Argentina, y en la que incluye su paso por Rosario durante el año del Centenario de la Revolución de Mayo, constituyendo una interesante referencia por sus reflexiones sobre el escenario urbano del comercio y la producción rosarinos.

Con su concepto romántico del arte por el arte, los viajes fueron una cómoda evasión que le permitieron un cambio constante de paisajes, como viajero europeo durante su proceso formativo en Francia e Italia y por sus obligaciones laborales en España y Portugal, o como viajero de ultramar a América siguiendo a la compañía teatral de Enric Borràs en carácter de "director honorario"; pasaporte cultural que utilizó para difundir y vender su obra, además de realizar el itinerario Buenos Aires-Interior, con la sensibilidad de un bohemio refinado y el prestigio de un artista consagrado en busca de nuevas sensaciones.

Tras su estadía en la Capital Federal definió al porteño como el habitante tipo argentino, e inició un periplo de varios meses internándose en la pampa hasta el norte del país, apreciando la naturaleza y los objetos con historia, rescatando con preciosismo modernista el valor paisajista excluyente del río y la estirpe de los caballos pampeanos, la estancia, el gaucho y el indio, en el proceso de colonización y conquista del desierto, acciones que fustigó con escepticismo decadentista, así como los excesos darwinistas y uniformadores del hombre moderno. A su paso por Rosario, por entonces segunda ciudad del país y capital de los cereales, se extravió en la cuadratura de su planta, encontró en la urbe cosmopolita al inmigrante y al criollo constituidos en la clase media de comerciantes y profesionales, dedicados al trabajo masivo y a la permanente especulación.

Padeció un continuo sentimiento de nostalgia romántica por la espiritualidad del mundo perdido y trató de rescatar las pequeñas cosas remanentes que armonizaran al hombre con el pasado y la naturaleza; en la inmensidad de un país donde todo era nuevo criticó a la especulación urbana de la cuadrícula uniforme entre la pampa gringa y el río y sus observaciones distintivas entre arte y mercancía, entre cultura y comercio, permiten imaginar su itinerario local como un significativo punto de partida para la reflexión sobre la ciudad, representada en los planos ideales (reguladores), reales (censos) e imaginarios (proyectos) y sus distintas historias locales, tan difícil de asumir bajo el estigma rosarino de ciudad fenicia.

Cartografía 1910: la ciudad ideal y la ciudad real

El paisaje urbano que asombró a Rusiñol fue el de un asentamiento funcional destinado a la producción y el comercio, organizado por la racionalización productiva del enclave ferro-portuario anglo-francés, según las pautas internacionales de competencia, con una traza inicialmente registrada entre Sarmiento (Libertad) y Mendoza,[1] desarrollada tras el secado de la Laguna de Sánchez (1867-1881)[2] y expandida naturalmente siguiendo los *planos-proyecto* (MARTÍNEZ DE SAN VICENTE, 1985) de ciudad ideal del municipio[3] hasta

---

1. *"Primer plano de la ciudad de Rosario, atribuido al arquitecto Timoteo Guillén"* (c.1853) MONTES, 1977: 69.
2. El tema se encuentra desarrollado en LOCATELLI, 1981: 3 a 27.
3. Este proceso puede seguirse en la secuencia de los planos de Nicolás Grondona de 1858, 1871, 1875. N. Grondona (1826-1877) natural de Génova, quien según los autores es presentado como Agrimensor, Ingeniero Geógrafo, Ingeniero Militar ó Ingeniero de la Nación Argentina, se estableció en Rosario en 1855/56, poco después de la creación de la Junta Topográfica por iniciativa de Nicasio Oroño, jefe Político del Departamento (integrada por los agrimensores Gregorio José García, Julián de Bustinza, Demetrio Isola), y publicó varios planos de la ciudad 1858 (primer plano impreso), 1871 y 1873, y fue contratado para delinear y nivelar calles y edificios, asociado a su hermano Marcelo Grondona, idóneo (luego Agrimensor, 1866) bajo la firma "Grondona Hermanos", para atender pedidos similares en todo el país, entre los que se encuentran los planos para Carmen del Sauce (1864) y San Lorenzo (1859 desaparecido, 1865, 1866, 1870). Fue nombrado Ingeniero Municipal (1871-1877), fundando luego la Oficina Cartográfica Americana (empresa familiar con Ana H. de Grondona) y contribuyendo con la urbanística rosarina con las trazas de calles, bulevares y avenidas, y la ejecución del primer Monumento a la Bandera Nacional (pirámide en la Isla del Espinillo en el lugar de la Batería Independencia, proyecto 1872, construcción 1873) destruido en 1878 por una creciente del río. Ver: MIKIELIEVICH, 1972: 3 a 25; DÍAZ MOLANO, 1970: 56 a 66.

completar la primera ronda de los bulevares de Oroño (Bv. Santafecino) y Pellegrini (Bv. Argentino); consolidando su edilicia[4] con los servicios de empedrado, agua corriente, cloacas, electricidad y transporte urbano, con un concepto estético no solemne, diferenciado del "buen gusto" arquitectónico que las clases cultas rosarinas[5] estaban construyendo en los bulevares, cambiando el paisaje urbano hasta entonces chato y austero de una ciudad no demostrativa ni "farolera"[6] y distanciada de la suntuosidad porteña.

Por fuera de la demarcación funcional, establecida por la ordenanza de 1873, por ronda de bulevares, en *ciudad* (Bv. Argentino y Bv. Santafecino), *extramuros* (Bv. Rosarino y Bv. Timbúes), *suburbios* (fuera de Bv. Rosarino y Bv. Timbúes) y *bajo* (Barrancas), y la creación de las tres aldeas Saladillo, Ludueña y San Francisquito, se dieron desarrollos autónomos: los pueblos Alberdi (1876), Pueblo Sorrento (1887) y Pueblo Unión (1889) y los barrios Echesortu (1890), pueblo Eloy Palacios (c.1889) y Fisherton (1889). Esto provocó un crecimiento indiscriminado por fuera del radio urbanizado a causa de la falta de control municipal sobre la especulación inmobiliaria privada, y la consecuente dispersión de la población exigiendo servicios, poniendo en crisis la economía pública y obligando al gobierno municipal a solicitar un plan regulador (Plan Bouvard, 1911) para el control oficial de la dispersión urbana.[7]

Esta crisis de la ciudad ideal del plano-proyecto la reflejó la ciudad real de los planos censales del *Tercer Censo Municipal del Rosario* de 1910, que destaca la necesidad de revisar los mecanismos de elección del Intendente[8] y del Concejo Deliberante en función

---

4. "*... la ciudad continúa creciendo aceleradamente, pero su crecimiento se realizó sobre la estructura colectiva ya definida hacia 1914 ...*", MARTÍNEZ DE SAN VICENTE, 1985: s/p.
5. Ver ÁLVAREZ, 1981 2ª Ed.
6. El tema se encuentra desarrollado en CABALLERO, 1970: 33 a 38.
7. Ver *Memoria de la Intendencia* de Isidro Quiroga, 1909.

de una mayor autonomía política que implicaba la elección del Intendente por sus propios ciudadanos y también económica a partir del incremento del control aduanero. Perfeccionado por la Oficina de Estadística de la Municipalidad y presentado como *Atlas Urbano*, incorpora descripciones históricas, geográficas y tabulaciones cada vez más finas sobre población, vivienda, servicios, educación, salud e higiene, en la dinámica productiva de la ciudad, para posicionarla en el concierto estadístico internacional como medida comparativa de la calidad del progreso urbano rosarino.

Los instrumentos cartográficos fueron juegos de planos dividiendo a la ciudad en distritos censales para la representación de los distintos relevamientos, registrando la calidad de vida de la población en rápido proceso de metropolización regional y de vertiginoso crecimiento demográfico (de 9.785 habitantes y 22,4 % de extranjeros en 1858a 192.278 habitantes y 46,6 % de extranjeros en 1910), que apenas desbordaba el área central entre los bulevares Santafecino y Argentino y se diseminaba en los asentamientos suburbanos de los pueblos Fisherton, Alberdi y Saladillo y en los barrios Refinería, Arroyito, Ludueña, Vila y Echesortu, en continua densificación favorecida por el ferrocarril, el tramway (1872) y luego el tranvía eléctrico (1905).

La planta urbana quedó articulada por los ejes cívico comercial de Calle Córdoba (E-O) desde la plaza 25 de Mayo asiento de la Municipalidad (1896), de la Iglesia Matriz (1887) y el edificio "La Bola de Nieve" (1907), hasta la plaza San Martín (ex Plaza de las Carretas) con el palacio de los Tribunales Provinciales (1888) y la Jefatura Política (1916), y por los servicios mayoristas de Av. Corrientes (N-S) extendida desde la Estación Rosario Central hacia

---

8. El Intendente era elegido por el Gobierno Provincial y el Concejo Deliberante por los ciudadanos, argentinos y extranjeros contribuyentes a partir de determinado monto.

la zona agropecuaria, definiendo en su cruce con calle Córdoba uno de los hechos urbano arquitectónicos paradigmáticos de la ciudad, iniciado con el edificio de la Agrícola (1907) y más tarde completado por los de la Inmobiliaria (1916), el Hotel Palace (1918) y la Bolsa de Comercio (1929).

El crecimiento edilicio, fue marcadamente desparejo, producto de operaciones de especulación urbana, moldeado por las necesidades de los recién llegados y las fuerzas económicas actuantes, que con distintos procedimientos (ventas de tierras, amanzanamientos, loteos, fraccionamiento de lotes, arrendamiento y sub-arrendamiento) trataron de contrarrestar desde las leyes del mercado, el desequilibrio habitacional y los efectos mortales de la indigencia, provocada por la proliferación de conventillos, los barrios marginales y la ausencia de servicios sanitarios.

La edilicia entre bulevares registrada por las fotografías peatonales y las primeras aéreas, revela una ciudad chata con una gran mayoría de edificios de una planta y el resto de casas de dos o tres, con pocos edificios de más de cuatro pisos; además del surgimiento del Bv. Oroño y el Parque Independencia como paseos patricios públicos, y la aparición de las nuevas alternativas expresivas del eclecticismo afrancesado y el *Art Nouveau*, ante el predominio italianizante de décadas anteriores. Conviviendo en el centro, y fuera de él, el Censo señaló la presencia de 2006 conventillos, 1009 ranchos de barro, 3184 casillas de madera y 962 casillas de lata, y cerca de veintisiete mil cabezas de ganado (cinco mil de ellas dentro de los bulevares mencionados), comprometiendo la salud pública y obligando al gobierno municipal a optimizar la higiene partiendo del mejoramiento de la vivienda popular, o concediendo privilegios impositivos a terratenientes urbanos que lotearan terrenos propios en la periferia como en los casos de los Barrios Arrillaga y Calzada.

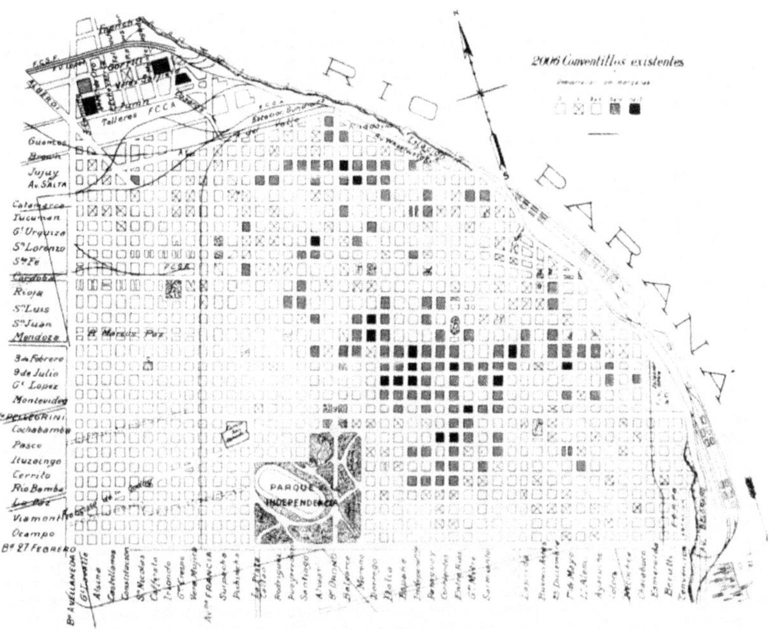

Plano de Rosario de Conventillos Existentes, 1910. Fuente: Tercer Censo Municipal Del Rosario - 1910, Rosario, 1910.

Cartografía 1911: la ciudad imaginada

Ante la falta de un instrumento de control municipal del crecimiento indiscriminado de la ciudad, el intendente Isidro Quiroga convocó, a través del concejal José Martinoli de la Liga del Sur, al urbanista y paisajista francés Joseph Antoine Bouvard (1840-1920) para su colaboración:

"Propiamente no existe en Rosario un plano regulador como en Roma o en otras ciudades; pero sería fácil establecerlo,

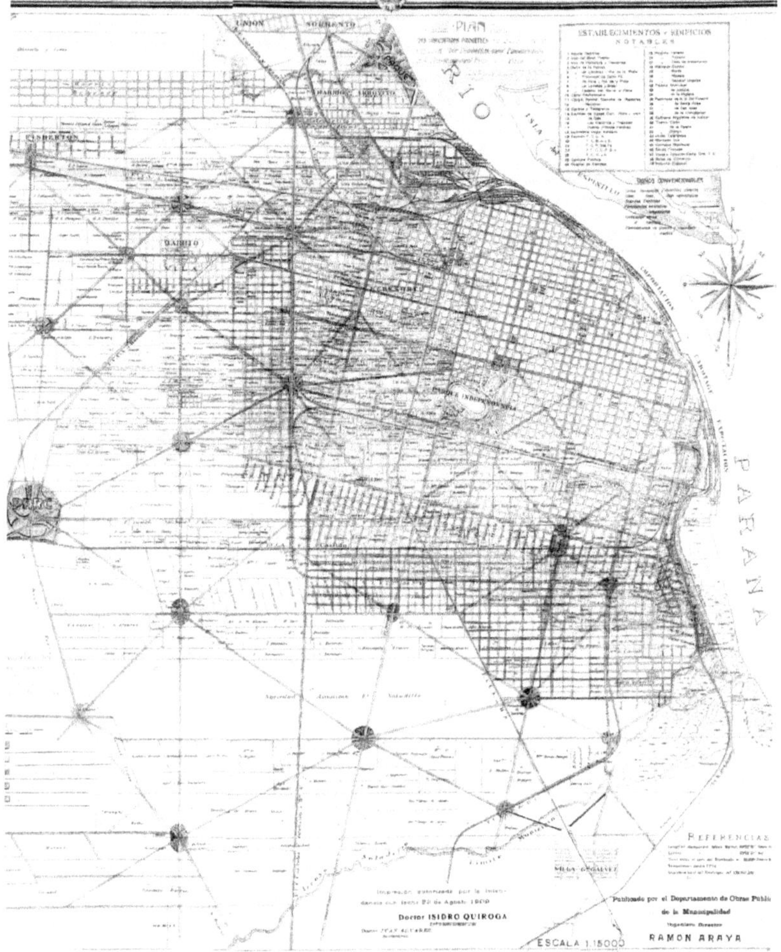

Plan Bouvard para Rosario, 1911. Fuente: GARCÍA ORTÚZAR, Raquel; BERJMAN, Sonia: *Reflexiones sobre Joseph Bouvard y el paisaje de Rosario en 1910*. Rosario, UNR Editora - CAPSF, s/f.

reuniendo los diversos proyectos que con el carácter de modi-
ficaciones parciales han sido ideados. Espero que la inter-
vención del especialista Monsieur Bouvard, requerida por
V. H. nos permita precisar ideas al respecto" [9]

Bouvard presentó su *Plan de las disposiciones proyectadas para el embellecimiento, mejoramiento y desarrollo futuro de la ciudad. Trazado por el Director suscripto. París, 10 de marzo de 1911,* proponiendo unificar la ciudad con una red de diagonales y focos verdes, armonizando el embellecimiento con una nueva funcionalidad circulatoria y mejores condiciones de higiene; pero el costo político, los valores de la tierra y la especulación por los nuevos edificios tornaron imposible la nueva ciudad imaginada.

El viajero Rusiñol compartía esta idea de ciudad-paisaje imbuido de su Barcelona abocada a la problemática de superar la cuadrícula del ensanche de Cerdá, no aceptado, ni política ni urbanísticamente por el Ayuntamiento, para unificarlo mediante los Planos de Enlace (Plan Leon Jaussely, 1905), tanto orgánicamente desde el estudio de la geografía y de la historia del lugar, funcionalmente con la inclusión de múltiples direcciones diagonales y dimensiones de las vías y paisajísticamente según sistemas jerárquicos de parques, a los núcleos suburbanos delineados en abstracto por *"Planos Geométricos de calles con plaza"* aplicados a los Municipios periféricos a la ciudad. [10]

---

9. "Memoria presentada al H. Concejo Deliberante por el Intendente Dr. Isidro Quiroga. Año 1909". Rosario, Peuser, 1910, p. 11.

10. *"En 1859 el ayuntamiento decide de forma apresurada y con urgencia, convocar un concurso de proyectos para el ensanche, que frene el proyecto Cerdà. Éste consigue que el Ministerio de Fomento, por real orden de junio de 1859, apruebe el Plan Cerdá con ligeras modificaciones. El Ayuntamiento pide que se revoque la aprobación del proyecto y a su vez falla el concurso –al que habían concurrido 14 proyectos–, a favor del arquitecto Antoni Rovira y Trías que planteaba un esquema radiocéntrico más próximo quizás a las expectativas que el derribo de las murallas habían creado. La batalla*

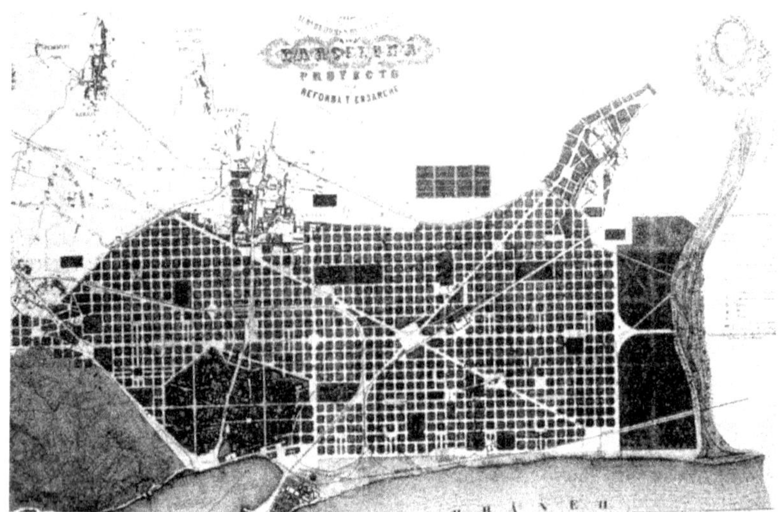

Plan Cerdá para el Ensanche de Barcelona, 1859.
Fuente: Busquets, Joan: Barcelona, Madrid, MAPFRE, 1992.

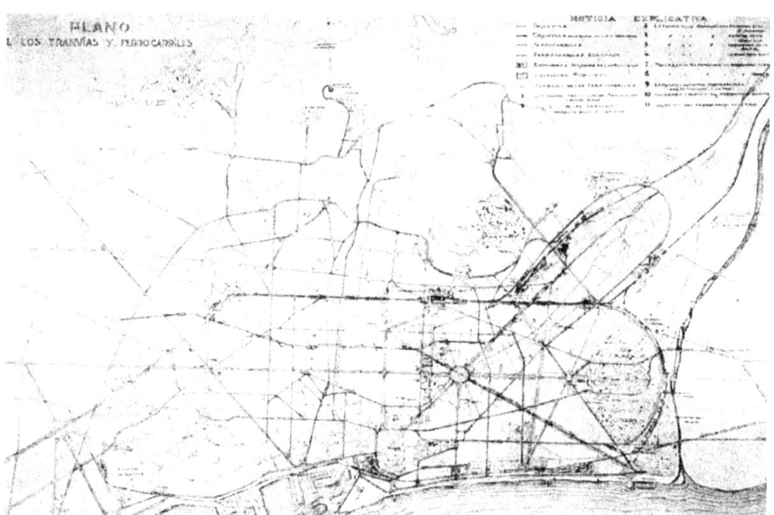

Plan Jaussely, Enlace del Ensanche de Barcelona con los Municipios del Llano, 1905.
Fuente: Busquets, Joan: Barcelona, Madrid, MAPFRE, 1992.

Así quedaron presentados problemas similares para dos ciudades distintas, pero que pese a los distintos grados de estudios previos realizados, el proyecto europeo se diluyó en el tiempo tras continuas revisiones y el proyecto local quedó anulado, al igual que la Diagonal de Infante de 1910,[11] siendo posible rescatar del Plan Bouvard –pese a la crítica generalizada por la falta de racionalidad y desconocimiento de la ciudad– la persistencia de los espacios verdes: las Dos Plazas, Plaza Belgrano y Plaza Sarmiento[12] además de los futuros parques Alem, Urquiza y de la actual Ciudad Universitaria,[13] que la atenta lectura de Montes aprovechara para su Plan Rosario.

En otro aspecto, y ante la gran importancia del festejo del Centenario, la ciudad lo conmemoró con obras públicas de gran importancia, realizando dos grandes propuestas arquitectónicas, las construcciones del Hospital Centenario (1910) según las modernas ideas de hospital en pabellones encabezado por la Escuela de Medicina, y del edificio de la Biblioteca Argentina (frente a la plaza Pringles, 1910), habilitando el acceso público a la salud y a la cultura, dos caros ideales de la generación del progreso concretados con edificios en lugares estratégicos y posibles, compensatorios de una ciudad que seguía creciendo utilitaria.

---

estaba abierta. Los proyectos del concurso se exponen en una sala consistorial, y el de Cerdá en otra contigua. La confrontación profesional entre arquitectos e ingenieros está presente en la discusión y, finalmente, en 1860, el Ministerio de Fomento ratifica la aprobación definitiva del proyecto Cerdà, si bien buscará una solución de compromiso con el Ayuntamiento que reportará grandes dificultades para sus desarrollo: las ordenanzas y el pensamiento económico propuestos por Cerdá quedarán sin efecto" (BUSQUETS, 1992: 103).

11. La misma correría desde la plaza 25 de Mayo hasta el Parque Independencia, impulsada por las clases dirigentes rosarinas como gran operación inmobiliaria, fracasada por la modernización vial.

12. GARCÍA ORTÚZAR; BERJAMAN, s/f.

13. MONTES, 1964.

El artista y su tiempo

Santiago Rusiñol perteneció a una pudiente familia de empresarios textiles de Barcelona, y desde muy joven se inició como coleccionista de piezas medievales de hierro, recogidas en las demoliciones de la reforma de la Ciudad Vieja producidas por la demolición de las murallas (1854/59), el Plan de Ensanche de Idelfonso Cerdá (1855/59; Plano Topográfico de los Alrededores de Barcelona, 1854/55), la traza de la Avenida Diagonal en 1861 y la urbanización del Parque de la Ciudadela de 1872, que más tarde, dibujadas y publicadas por el Ayuntamiento marcaron su comienzo artístico.

Cultivó el espíritu romántico y refinado de la *Reinaxença* en pos del renacimiento del glorioso pasado medieval a través del progresismo liberal, perfeccionando esta cosmovisión existencial y artística con las vanguardias de París y los clásicos de Roma, convirtiéndose en animador excluyente del *Modernismo*, junto a los pintores Ramón Casas, Miguel Utrillo y Hermen Anglada; de la renovación estética de Cataluña; europeizando el movimiento artístico regional con un claro protagonismo personal en la década de 1890, especializado en paisajes rurales y urbanos con figuras femeninas ocasionales, y, particularmente los jardines españoles (Aranjuez), siguiendo las corrientes del impresionismo, post-impresionismo, simbolismo y decadentismo.

Perteneció a la *Associació d'Excursions Catalana*, y cultivó una mirada naturalista de un mundo en incesante transformación material, privilegiando la costa mediterránea y el nuevo urbanismo paisajista de jardines mixtos, que estructuraron parques y paseos con foco en el Mercado del Born y el Umbráculo. Así, alternó su residencia en Barcelona, ciudad industrial y metrópolis mediterránea, con Sitges (35 km al sur), pequeña ciudad provinciana sobre el mar Mediterráneo que le brindó el ambiente creativo ideal, donde fundó *El Cau Ferrat* (La Guarida Herrada, 1893) restaurando edificios góticos, para convertirlos en su casa (actual museo de su obra, junto a *Maricel*, museo de arte románico), y para ser sede de las cinco *Festes Modernistes* (Fiestas Modernistas, 1892 a 1899) para la difusión del arte y la literatura del movimiento. Junto con Utrillo funda además, la cervecería *Els quatre gats* (Los cuatro gatos, 1897) en Barcelona, destinada a la reunión de artistas, exposiciones, conciertos y representación de obras teatrales.

Conforme se agotaba el Modernismo ante el avance del Novecentismo, Rusiñol se desplazó de la plástica a la literatura,y como escritor criticó al nuevo movimiento bajo el seudónimo de Xarau y se volcó al drama en lengua catalana con *L'alegría que passa* (La alegría que pasa, 1898), *Cigarres i formigues* (Cigarras y hormigas, 1901), *La bona gent* (La buena gente, 1906) tratando la incomprensión de la sociedad burguesa hacia el artista bohemio, y finalmente la novela costumbrista *L'auca del senyor Esteve* (Las aleluyas del señor Esteve, 1907) representando la figura del típico comerciante catalán.

Su vida de "dandi sensible" de la *Belle Époque* barcelonesa, fue acosada por grandes malestares físicos, que le hicieron alternar la vida mundana con largos períodos de retiro e introspección dedicado al trabajo sin descanso, forjando su sentido de la vida irónico y dramático sobre la cruda realidad y el conflicto secular entre el artista y el burgués, expresados en poesía y prosa decadentistas y simbolistas, logrando con su obra un gran éxito regional literario y teatral, que llegó a conformar buena parte del sentido común de los conciudadanos de su época (PLA, 1981).

Itinerarios en un mapa de sensaciones

Rusiñol partió desde la "Barcelona del Born" en el trasatlántico italiano Argentina y tras su arribo a Buenos Aires tuvo una estadía plena de acontecimientos sociales (Sánchez, Gardel, Laferrere), exhibió cuarenta grandes telas suyas con gran éxito,[14] y luego emprendió su camino hacia el interior atravesando la pampa para arribar a Rosario de paso hacia el norte, completando una estadía de aproximadamente seis meses, apreciando con asombro y frenesí lo que el nuevo mundo le brindaba. Lector de Sarmiento, y bajo el impacto de la dimensión y feracidad pampeanas, tomó la autocrítica del prócer, para fundar sus propias descripciones de los tipos humanos y sociales argentinos entre la "civilización y barbarie" del progreso indefinido, dejando de nuestra ciudad las siguientes impresiones:

"Las manchas se van espesando; se ve alguna chimenea,
encontramos hileras de vagones, apartaderos, guardagu-
jas, más vagones, una estación y sin un ángulo, sin una

---

14. Es de destacar el ambiente propicio creado a los visitantes catalanes, del cual se puede tomar como testimonio oficial el libro del Centenario Argentino, que en su último capítulo rinde homenaje a España, en la ciudad de Barcelona como representante de la nueva España y en la figura del Conde Eusebio Güell, desarrollando los siguientes títulos:
*"*Madre Patria - Barcelona *por Sebastián Gomila*
Su pasado - Su presente - Su porvenir.
Ojeada retrospectiva - Crecimiento y desarrollo - Progreso industrial y urbano - Literatura y teatro regionales - Ambiente político económico - La ciudad actual - Institución y centros de cultura - El puerto - Aspecto fabril y mercantil, industrias y producción. Consideraciones generales.
Notas de producción industrial, mercantil, etc.
El conde Güell y la industria catalana
El Centenario Argentino *créese honrado al dedicar estas páginas al ilustre español, honra y prez de la España, moderna, de esta España que tiene fe en el porvenir y trabaja con ahínco para recuperar el puesto que le corresponde por historia, entre las grandes naciones que van a la cabeza del movimiento mundial"* (Centenario Argentino, 1910: 262 a 349; 321 a 324; 324).

curva en línea recta y á pie llano, nos encontramos dentro de Rosario.

No se quién dijo que los ríos son tan inteligentes que siempre van á pasar por donde hay ciudades. Pués no sé en qué consiste, en esta pampa argentina, que siempre la llanura vaya á parar al sitio donde se han construido ciudades. Rosario es llana, tan llana, que si tirásemos por prueba un cubo de agua en medio, no sabría por donde correr; y al forastero que llega le pasa lo mismo que al agua; entre que si irá á la izquierda ó á la derecha, empieza á dar vuelta á la manzana, y se mete donde la suerte quiere como bola de ruleta.
¿Qué es, pues, lo que distingue á Rosario entre la igualdad de estos pueblos?
Procuremos indagarlo, si es posible.

Hay ciudades que viven de una fuente de aguas, termales, ó sulfuro-sódicas, ó magnesio-carbonatadas, ó carbonato-sifón-gaseosas, y Rosario vive de treinta grandes fuentes que desaguan en el Paraná. Estas fuentes son fuentes de trigo. De toda la inmensa llanura por la que hemos atravesado al venir aquí y de todas las que no atravesaremos nunca desde el fondo de leguas y más leguas: de millares de "chacras" y más "chacras"; en vagones, en trenes, en carros y en carretas, el trigo va llegando á Rosario; aquí se amontona en montones que son las únicas montañas que se ven esta tierra; de los montones, en regueros, ó como sea, va á parar á los a almacenes, á los "elevadores"; de los elevadores, á los "sorbedores", y sube por aquí y pasa por allá, ahora, pasando por las cribas que lo escogen y le quitan la broza; luego, llevándolo á unas cintas que lo pasean por galerías, ya, moviéndole y volviéndolo á verter, ó deslizándolo por montañas rusas, por fin va á parar á las mangas, y de la mangas salen las fuentes y de las fuentes á los barcos que lo reciben como gigantes de hierro insaciables que, llenándose los vientres de grano, lo dirigen sobre las olas, y van á todas las ciudades del mundo á volverlo á sacar para que se convierta en harina. Contad: veinte o treinta fuentes; ó las que sean treinta fuentes que vierten pan de día y de noche; y ved si es riqueza para todo un pueblo.

Puede decirse que Rosario se ha hecho á fuerza de panecillos y de hogazas, como no hay nada tan sano como el pan nuestro de cada día, por eso se ha hecho el milagro de que una ciudad que hace cincuenta años tenía 8.000 habitantes, hoy tenga 200.000; que una ciudad que en aquella época estaba rodeada de indios, hoy esté llena de comerciantes (lo cual es una gran mejora); que un pueblecillo de los de tren parado sea hoy la segunda capital de esta Argentina. Sin el pan ó el trigo, o las fuentes del muelle, no tendría las calles que tiene, rectas, es verdad, pero entarugadas de arriba abajo, con subsuelo; no tendría hermosas tiendas que venden de todo y un poco más, no tendría buenos casinos, Bolsa, escuelas, parque, paseos con árboles, grandes teatros (aunque no llenos), casas con tiendas y dos pisos (como si en Europa dijésemos seis); no tendría sobre todo, el aspecto de una ciudad que va enriqueciéndose á todo correr, y progresando al mismo tiempo que se enriquece. Los hombres, por mor del trigo, son activos, vivos é inteligentes. Son de estos hombres que asombran (por lo lejos está de nuestro gustos) que van con libros de apuntaciones;

que apuntan; que saben los cambios; que hacen números; que ven una columna de cifras, y con una ojeada ya la han sumado; que les explicáis un negocio y no oyen más que un oído; qué ven un saco de trigo, y adivinan los granos que tienen dentro; que repasan el "Mayor" y el "Diario"; que no saben á que hora comen, pero saben qué barcos llegan; hombres que manejan sacos como quien maneja batallones; que calculan las cosechas como oráculos de Grecia, y juegan con este trigo como si jugasen á la barra.

Porque así antes de embarcar tiene que pasar por tantos canjilones, también le toca pasar por el lápiz de tantos jugadores, que –¡pobre trigo!– cuando llega a Europa, si no fuera porque está santificado, á fuerza de traerlo y llevarlo, se parecería á los naipes de taberna. Este le compra y el otro lo vende; el uno lo vuelve y el otro lo revuelve; el "estanciero" lo juega con el marchante, el marchante con el tratante de granos, el tratante con el comerciante, éste con otro, otro con éste, y pasando y jugándolo, todo el mundo vive; el camisero, el corbatero, el sastre, la modista, el mercero, el hotelero, los cafés, el boticario, los médicos, los abogados, los notarios, todo el mundo vive de este gran trigo, de estos regueros de la Pampa, que le traen de todas partes y lo vierten por las fuentes vivas.

Y mientras juegan con él, menos mal. Lo terrible es cuando el acaparador A, combinado con B y con C, arramblan con todas las fuentes, y por la fuerza del dios "trust" van á muelles y cierran las esclusas. Muchas veces en Francia ó en España el pan se encarece, y nadie sabe por qué y todo el mundo se queja, y nadie sabe porqué, y no saben que el mal viene de lejos, de un David ó de un Isaías que en Rosario agavillan sacos; muchas veces el pueblo grita en un motón de Europa y tiene la enfermedad en América, y muchas veces, mientras aquí se pudre, allí lo esperan como el maná. El acaparador también es una máquina, una inmensa báscula mecánica que no responde si no le echan una moneda por la rendija; para que dé trigo necesita ganancia.

Sea como quiera, aquí tienen pan, y dichoso el pueblo que tiene pan, cuando hay tantos otros que no lo tienen.
Claro es que, como se han dicho tantas veces, no sólo de pan vive el hombre. Eso ya se sabe, y estoy seguro de que los rosarienses se hacen cargo de ello y lo piensan, y hasta lo meditan si la fiebre del negocio les deja tiempo para meditarlo, pero entretanto se van haciendo ricos, y seguro que piensan: Luego veremos. Primero es el cuerpo, después vendrá… lo otro; miremos por el vientre, que el corazón puede esperar, llenemos los graneros, que cuando llegue el estío, harto de prisa vendrán las cigarras.

Esto lo piensan los rosarienses, á juzgar por la ausencia de arte, y sobre todo de artes plásticas que se echan de menos en una ciudad que tiene 200.000 habitantes, y como según el punto desde donde se mira, todo el mundo tiene razón; el que esto escriba no les ha de llevar la contraria.
Casi estamos por pensar que ellos salen ganando. Porque el hombre harto, si sabe digerir como es debido, es capaz de hacer muchas cosas, y el que tiene hambre no puede hacer más que una; bostezar para mover la boca." (RUSIÑOL, 1911: 215 a 220).

A la luz de los comentarios de Rusiñol es posible intentar una lectura comparada de la cartografía rosarina, desde las distintas situaciones de la cultura urbana de Barcelona y de Rosario, a la vez que nos introduce en las últimas investigaciones europeas sobre el tema, en especial sobre el intercambio de referencias entre los dos países: Cerdá habría adoptado las dimensiones de las manzanas de Buenos Aires para su Plan; a su vez se lo considera uno de los creadores de la Ciencia Urbana con la Estadística como elemento definidor en la toma de decisiones, además de la ochava, y del término manzana derivado de macía: casa de campo, inaugurando el descubrimiento de inéditas influencias de las "colonias sobre la metrópolis" (BUSQUETS, 1992).

La sensibilidad modernista ante la "belleza de la desnudez"

Su percepción romántica y un definitivo concepto maniqueísta de la vida, llevaron a Rusiñol a la permanente confrontación entre el espíritu y la materia, el artista y el burgués, en una zona conceptual de reflexión, con escepticismo e ironía. Así, cultivando una actitud de artista evasivo de la realidad moderna y de especialista sumergido en la pintura de jardines, le chocó la uniformidad de una ciudad mercado cuadriculando la pampa, mimetizando su edilicia, bloqueando el río, y dejando como único paisaje el movimiento triguero en su proceso de exportación, confirmado por las publicaciones oficiales del Centenario.[15] Como buen naturalista, el Paraná le marcó la lectura vertebral de

---

15. "*Exportación por puertos en bolsas y a granel durante 1909 Buenos Aires: 98.084 y 418.939; Rosario: 241.959 y 516.015; San Nicolás 18.802 y ——; Bahía Blanca: 79.202 y 704.715. Extraído del cuadro respectivo*". (CENTENARIO ARGENTINO. ÁLBUM HISTORIOGRÁFICO DE LA REPÚBLICA ARGENTINA, 1910 - 1911: 137).

la región calificándolo de *la belleza que podemos llamar de la desnudez del planeta, de la plástica del mundo y del movimiento de la forma*, tan vasto y poderoso que comprimió a la llanura y a sus ciudades, *por eso todas las calles son iguales y todas las casas lisas* (RUSIÑOL, 1911: 238); y los caballos salvajes criollos quedaron en su registro como los verdaderos habitantes de la llanura, por su carácter indomable y su manifiesta libertad sin límites.

Notó la ausencia de una vida cultural activa, en especial las artes plásticas y el teatro, sus dos especialidades, que lo dejaron fuera de sus inquietudes artísticas, y su agudo sentido de observación le revelaron el nivel social medio rosarino de comerciantes y profesionales privilegiando el estómago por encima del corazón, sumidos en el trabajo y la especulación de una manera excluyente en un modelo económico de "ciudad fenicia" que incentivaba la plusvalía, distorsión que los intelectuales del modelo positivista intentaron paliar tratando con las estadísticas (Bialet Massé) el estado de la clase obrera, y con la historiografía (Álvarez) el desempeño de las clases dirigentes en sus esfuerzos políticos, y culturales en el campo de las letras, las artes y la jurisprudencia.

Tal vez, la síntesis de todas sus sensaciones vividas en nuestro país, quedaron preanunciadas en el título original de su libro *Del Born al Plata*, empobrecido por la traducción de *Un viaje al Plata*, al eliminar la dialéctica origen-destino del viaje, que intentó marcar un punto de salida concreto, moderno y mundano europeos hacia la sorpresa de la vaguedad americana; con la ingratitud del río Paraná desembocando en el río de la Plata, que desaira el preciosismo de la metáfora modernista cambiando el plata por su color mate, a veces azulado verdoso, otras gris amarillento, un río que no reflejó el cielo ni las ciudades y que inmenso, de tan tranquilo no fluyó, resbaló.

Bibliografía

ÁLVAREZ, J. (1981) *Historia de Rosario*, Santa Fe, UNL.

BUSQUETS, J. (1992) *Barcelona*, Madrid, MAPFRE.

CABALLERO, A. (1970) "Rosario, propuesta para un reconocimiento de su estructura económica, social, y urbana", en Revista *Summa*, N° 28, Buenos Aires, Ediciones Summa.

Centenario Argentino, Álbum historiográfico de la República Argentina (1910-1911). Buenos Aires, Cabral Font y Cía.

DÍAZ MOLANO, E. (1970) "El 'Agrimensor' Marcelo Grondona", en *Revista de Historia de Rosario*, N° 19, Sociedad de Historia de Rosario.

GARCÍA ORTÚZAR, R.; BERJMAN, S. (s/f.) *Reflexiones sobre Joseph Bouvard y el paisaje de Rosario en 1910*. Rosario, UNR Editora /CAPSF.

LOCATELLI, D. (1981) "La Laguna de Sánchez", en *Revista Historia de Rosario* N° 33, Sociedad de Historia de Rosario.

MARTÍNEZ DE SAN VICENTE, I. (1985) *La formación de la estructura colectiva de la ciudad de Rosario*, Rosario, Cuadernos del CUR-DIUR, FAPyD, UNR.

MIKIELIEVICH, W. (1972) "El Monumento a la Bandera Argentina. Gestación y primeros pasos para erigirlo", en *Revista de Historia de Rosario* N° 23/24, Sociedad de Historia de Rosario.

MONTES, A. (1964) *Plan Rosario*, Rosario, CEN.

MONTES, A. (1977) *Santiago Montenegro fundador de la ciudad de Rosario*, Rosario, IEN.

PLA, J. (1981) *Santiago Rusiñol i el seu temps*. Barcelona, Ediciones Destino.

RUSIÑOL, S. (1911) *Un Viaje al Plata* (traducido del catalán por G. Martínez Sierra, Título original: *Del Born al Plata*) Madrid, V. Prieto y Cía.

Tercer Censo Municipal del Rosario (1910), Rosario.

Las Rutas Históricas de Santa Fe como itinerario de Paisajes Culturales de la Región

Gabriel Eduardo Asorey

Introducción

En el marco de la investigación cartográfica de la región, se ha extendido el estudio a la Provincia de Santa Fe, abarcando los mapas históricos, geográficos, demográficos con los índices de ocupación del territorio por parte de las inmigraciones y migraciones; los mapas o planos del trazado ferroviario, portuario, taninero, industrial y sus correspondientes estudios económicos a fin de vincularlos a la situación cultural actual. De allí surge el particular interés por analizar las distintas *"Rutas o Corredores Históricos, Culturales, Patrimoniales"*, con un carácter de autosustentabilidad económica, para que sea abordado desde las esferas públicas y privadas en correcta armonía de difusión, explotación y divulgación de los valores culturales provinciales, recuperándose verdaderos *"Paisajes Culturales"*. Tanto las rutas históricas o las industrialeseconómicas presentan una cartografía riquísima, dentro de lo que es el patrimonio del Banco de Documentación Paucke que forma parte del Archivo Histórico Provincial perteneciente a la Secretaría de Cultura de la Provincia de Santa Fe.

Con ese encuadre, este trabajo tiene por objetivo la elaboración de un Plan Estratégico y planificación de una Agenda de Promoción Integrada de atractivos turísticos culturales, patrimoniales, históricos y ambientales, entre otros, lo que se denominara alguna vez Corredor Histórico de Santa Fe. Pero a su vez, como todo proyecto autosustentable integral, el mismo es un producto flexible en el tiempo y espacio (incorporación de otros lugares) con crecimiento y modificaciones, generando el inicio de un trabajo de desarrollo sostenible. Es decir, se plantea como indispensable, tender al equilibrio entre los factores de crecimiento interno y las externalidades que estos producen, potenciando para ello los recursos autóctonos, como son el patrimonio en general (en todas sus acepciones), respetando y dinamizando el tejido socioeconómico, cultural e industrial existente y fortaleciendo los recursos humanos disponibles.

En función de lo expuesto se trata de hacer conocer una temática para que su desarrollo continúe, sea flexible y categórico, otorgándole la posibilidad de afianzarse con todos los actores involucrados, como también comenzar a brindar los elementos posibles para una efectiva concreción.

Objetivos

El objetivo principal es diseñar una estrategia de desarrollo de la cultura y el turismo, de interpretación y animación del patrimonio histórico artístico, arquitectónico, intangible, entre ellos el colonial, indígena, etnológico, geográfico y natural o construido, desde un criterio amplio, porque en definitiva son los elementos con corpus sustentable los que pueden contribuir al desarrollo socioeconómico de las poblaciones incluidas en el llamado Corredor Histórico de Santa Fe y sus Rutas o Caminos. Así, los objetivos específicos plantean:

· Promover el uso social del patrimonio cultural y del entorno natural del territorio.
· Garantizar la conservación y el enriquecimiento de este patrimonio.
· Integrar el "Corredor Histórico de Santa Fe" en las rutas e itinerarios turístico-culturales y turísticos, nacionales e internacionales.
· Elaborar un "Programa Operativo de Gestión" que permita rentabilizar social, económica y culturalmente, una oferta homogénea, con un excelente entorno natural y de turismo cultural.
· Proponer una metodología y calendario para la elaboración del "Plan Estratégico para la Planificación y Promoción Integrada de Atractivos Culturales y Turísticos del Corredor Histórico Santa Fe".

Este amplio campo de explotación, con indudables factores de desarrollo, a su vez presenta la posibilidad de incorporar nuevas propuestas laborales, en primer término, con la intención de formar nuevos profesionales en los campos del Patrimonio y del Turismo Cultural, para concebir, crear y gestionar. Por otra parte, se intenta promover y difundir el mecenazgo y el patrocinio empresarial, como así también la publicidad dentro del mismo. Igualmente, la intervención estatal –y la consecuente formación de recursos humanos– resulta prioritaria, para determinar las políticas a seguir, coordinando los esfuerzos y creando las infraestructuras acordes a la conservación, animación y gestión. Se presenta entonces la necesidad de desarrollo:

> · Una propuesta museográfica en torno a los conjuntos monumentales incluidos en el Corredor Histórico de Santa Fe.
> · Un Plan Estratégico Provincial/Regional para la planificación y promoción integrada de atractivos turísticos-culturales en el Corredor Histórico de Santa Fe.
> · Un presupuesto estratégico del plan.

El Corredor Histórico de Santa Fe como escenario de Paisajes Culturales

Esta zona ha sido circunscripta, de acuerdo al estudio del mapa político-geográfico de la Provincia de Santa Fe, a los Departamentos de Constitución, Rosario (extendiéndose hasta la Ciudad de San Nicolás, Provincia de Buenos Aires), San Lorenzo, San Jerónimo, La Capital, Garay, San Javier, San Justo y Las Colonias. Los múltiples y diversos atractivos de las zonas antes citadas, integradas dentro del Corredor, le confieren una notable extensión geográfica que sugiere distintos Itinerarios y Circuitos Turísticos (basados principalmente en el patrimonio Histórico-Artístico Colonial y Etnológico) como, por ejemplo, el Fuerte Sancti Spíritu-Puerto Gaboto, las Ruinas de Cayastá, el Convento de San Lorenzo, la casa del Virrey Cevallos, así como innumerables fuertes, fortines, pulperías, etc. y también otros itinerarios con otras características, como lo son la cultura de la industria, la ribereña portuaria, la ecológica o medio ambiental.

En un intento de reseña histórica general, aunque quedando hechos y situaciones importantísimas sin mencionar, podemos decir que el primer intento de colonización española en el territorio argentino, se estableció a orillas del río Carcarañá, y fue denominado el Fuerte de Sancti Spiritu en el año 1527, hoy Declarado Lugar Histórico Nacional.

En el año 1535 Pedro de Mendoza partió de España al mando de una flota para fundar un establecimiento y dos fuertes que aseguraban las comunicaciones con la Metrópoli. Así nació el primer asiento que se denominó Santa María del Buen Aire en el año 1536. Con la finalidad de robustecer su acceso hacia el Alto Perú, se establecieron en el territorio santafecino los Fuertes de Hábeas Christi y Buena Esperanza, fundado 4 leguas más abajo del anterior (donde hoy se halla la localidad de Puerto Gaboto). En1573 se funda la ciudad de Santa Fe (hoy ruinas de Cayastá) que fuera trasladada en 1660 al sitio donde actualmente se ubica, convirtiéndose luego en la capital de la provincia. En otra área y región provincial, como así también arco temporal, más precisamente en la ciudad de Rosario, las tropas independentistas izaron por primera vez la bandera Nacional a orillas del Río Paraná, en 1812. La autonomía en relación al Gobierno Central, lograda en 1815, tuvo a la Provincia como protagonista principal para la formación de una nación federalista. A finales del siglo XIX, donde hoy se halla la ciudad de Esperanza, se conformó la primera colonia agrícola del país. Este hecho marca la relevancia del proceso inmigratorio europeo (fundamentalmente de italianos, españoles, suizos y alemanes) en la conformación de la población santafecina.

Como lo atestigua su rico pasado histórico, se evidencia que la provincia de Santa Fe desempeñó siempre un papel preponderante en la vida política, social y económica de la República

Argentina. En cuanto a los acontecimientos históricos, se distinguen solamente para este análisis, tres épocas concretas de gran importancia que se extendieron del siglo XVI al XIX y que deberán servir de punto de referencia a la hora de plantear cualquier tipo de actuación a nivel turístico: la época colonial, 1516-1806, la Independencia, 1806-1820 y el Federalismo, 1820-1880. Pero al tratarse de un proyecto flexible, es posible incorporar el siglo XX, que de hecho ya lo está y se manifiesta más adelante.

Todo este Proyecto estará circunscrito dentro de un posible Plan Estratégico que pueda crecer en el tiempo de acuerdo a las circunstancias, estudios, incorporaciones que aquí se han omitido, áreas a desarrollar, etc. Para dejar expreso una idea de cómo se concretaría, podemos mencionar ya algunos circuitos e itinerarios turísticos bien definidos y de gran interés. Al definir el Corredor Histórico de Santa Fe, se han considerado 6 grandes áreas, Rutas o Caminos, las cuales tienen una unidad histórica y se constituyen en posibles circuitos o itinerarios turísticos, flexibles y no excluyentes. Las Rutas consideradas son:

1. El Pago de los Arroyos.
2. El Camino Real.
3. El Camino de la Costa.
4. La Ruta de la Colonización.
5. La Ruta del Tanino.
6. La Ruta del Molino (en estudio por otro grupo de investigación).

1. El Pago de los Arroyos

Comprende todo el Sur de la Provincia de Santa Fe:

·Venado Tuerto: entre otros Patrimonios Arquitectónicos se encuentran la casa de Cayetano Silva y numerosos cascos de estancias de ingleses e irlandeses (Ej. Kavanagh, Boyle, o poblados como Christophersen, etc.).

·Melincué: se localiza El Mangrullo de 1776, dentro de la línea de Fuertes y Fortines del Virrey J. Vértiz y Salcedo (1779), Monumento Histórico Nacional. Además posee un patrimonio natural excepcional, con la Laguna del mismo nombre, y hoy un polo de desarrollo turístico provincial con la inauguración del Primer Casino de Santa Fe.

·San Nicolás de los Arroyos (Provincia de Buenos Aires): se destacan la Casa del Acuerdo de San Nicolás de los Arroyos, Monumento Histórico Nacional, el Palacio Municipal, la Plaza y Catedral, la casa de la Logia Masónica como se la conoce popularmente, y toda una ciudad de traza decimonónica, con alto patrimonio moderno residencial también por la presencia de barrios industriales como Acindar, entre otros.

·La localidad de Pavón, lugar Histórico Nacional como sitio de la Batalla.

Dentro de la misma región se puede visualizar un espectacular Patrimonio Industrial, y es particularmente en la localidad de La Emilia (a solo 15 km de la Ciudad de San Nicolás), donde se vislumbra el nacimiento del poblado en torno al trabajo, fundación de la Fabrica Textil y residencia o traza urbana de características únicas en el país, que construyó como tal a dicho lugar, con un Teatro Moderno en el medio de la Pampa Gringa de características notables y distintas intervenciones de barrios de viviendas que van desde el academicismo hasta la modernidad racionalista, como también se evidencia en las plantas de la fábrica. Hoy la misma, al igual que la ciudad se ha reactivado, con motivo de la reinstalación de una industria de motos dentro de la antigua textil.

En Villa Constitución, siguiendo la misma ruta paralela al Río Paraná que venimos transitando, se evidencia un riquísimo patrimonial industrial: elevadores, silos y puerto de un variado tenor estilístico, conviviendo obras modernas-racionales y naves industriales decimonónicas, otorgándole la singularidad de la diferencia dentro de una misma temática, que podría anunciarse como *"El Patrimonio de la Economía Nacional"*. De igual manera incorporamos la inclusión de la ciudad de Arroyo Seco, ya que evidencia un riquísimo patrimonio como los ya mencionados y un monumento como la Iglesia de la Asunción.

También se hallan en este corredor, las localidades de Aldao, Salto Grande, Arequito, Murphy, y otras más, con un variado repertorio patrimonial arquitectónico y rural.

Particularmente la ciudad de Rosario es un núcleo poblacional de importancia productiva y comercial que alcanzó su desarrollo a fines del siglo XIX y XX. De esta época quedan barrios de especial belleza arquitectónica (*Art Noveau, Modernismo, Art Decó, Racionalismo,* etc.), posee parques, balnearios y gran cantidad de museos con un patrimonio artístico y arquitectónico-urbanístico muy valioso. Como también el sector portuario y ferroviario, con un patrimonio industrial de gran nivel constructivo, modelo de un país "Granero del mundo".

En esta región, como en toda la extensión de la provincia, también encontramos gran cantidad de cascos de estancias, al igual que poblados surgidos a partir del proceso inmigratorio, que son verdaderos hitos históricos vinculados a este proceso y también a los reclamos sociales del habitat rural, como el "Grito de Alcorta", entre otros. Estos ejemplos, únicos en su particularidad permiten no solo evidenciar la "cultura del trabajo" en determinada época, y muchos de ellos se encuentran incorporados dentro de la Red de Turismo Rural de Argentina, RATUR.

Cabe aclarar que el recorrido llamado *Ruta del Modernismo*, Proyecto de la Municipalidad de Rosario, cuenta con el aval del Ayuntamiento de Barcelona y se incluyó en la última Publicación de las Rutas del Modernismo Europeo.

2. El Camino Real

Como lo indica su nombre es el antiguo camino entre las ciudades de Santa Fe y Buenos Aires sobre el cual se ubicaban las pequeñas Villas (hoy Ruta Nac. 11).

Desde Rosario hacia el norte encontramos, San Lorenzo, Puerto General San Martín, Granadero Baigorria, Puerto Gaboto, Maciel, Arocena, Gessier, Coronda, entre otras localidades que guardan el encanto de su larga historia. Al este el camino se halla bañado por el Río Paraná que muestra una bella topografía de costas bajas y barrancas.

Cabe destacar la arquitectura colonial del Convento San Carlos de la ciudad de San Lorenzo, Monumento Histórico Nacional, y el Lugar Histórico Nacional Campo de la Gloria, donde sucedió la batalla homónima; así como Puerto Gaboto con un patrimonio subacuático excepcional y un yacimiento arqueológico.

El circuito es completado en la Ciudad de Santa Fe, la misma ofrece innumerables oportunidades. Su antiguo barrio Sur con edificaciones civiles y religiosas de los siglos XVII y XVIII, muchos poseedores de importante patrimonio museológico. Como capital de la provincia residen los tres Poderes, en edificios vinculados al siglo XIX y al siglo XX.

El altísimo valor patrimonial colonial en convivencia con la ciudad decimonónica y también la arquitectura racionalista del siglo XX la enaltecen culturalmente, con el potencial de ser la localidad de mayor cantidad de Monumentos y Lugares Históricos Nacionales en la Provincia.

3. El Camino de la Costa

Desde la Ciudad de Santa Fe, hacia el Norte y por la costa ribereña, siguiendo la actual Ruta Provincial Nro. 1, se observa un notable y bello patrimonio natural no explotado en su totalidad. Y en su transcurso se van cruzando antiguas poblaciones, de las cuales muchas de ellas se hallan detenidas en el tiempo. Sobre dicha ribera y ruta a una distancia aproximada de 70 km se ubica el primitivo asentamiento de la ciudad de Santa Fe, con su rico patrimonio principalmente arqueológico, como también el arquitectónico y urbanístico.

En este Corredor se puede valorizar el interés histórico y ecológico, mezclándose lo indígena, lo criollo, y las diversas culturas que llegaron a la región en la segunda mitad del siglo XIX: suizos, franceses, ingleses y otros.

Desde el Antiguo Camino Real por la costa hasta el Norte de la Provincia, pasamos por las localidades de:

> •San José del Rincón: antiguo Pueblo Colonial, con su importante número de propiedades conservadas, al igual que su trazado. Entre otras obras se destacan el Sitio que ocupó la Guardia del Brigadier López, Combate de Rincón en 1812, y la Casa de Eugenio Facino.
> •Santa Rosa: pueblo y templo.

·Cayastá: primitivo emplazamiento de Santa Fe, importante yacimiento arqueológico de una de las primeras urbanizaciones hispanas en América Latina (LHN). Se ha solicitado y otorgado declaratoria de Patrimonio a la UNESCO.
·Helvecia: Pueblo y embarcadero, importante colonia suiza.
·Saladero Cabal, San Javier, Alejandra, Reconquista.

4. La Ruta de la Colonización

Itinerario que recorre las primeras colonias santafecinas, aquellas que marcan las huellas identitarias del país agrícola ganadero: colonias suizas, francesas, alemanas, judías, y las otras donde se instalaron italianos y españoles.

En este itinerario se encuentra "Las Huellas de la Colonización Judía" con un Programa Nacional llamado "Shalom Argentina", creado desde la mirada al país como un Mosaico de Identidades, basado en que la verdadera identidad es la diversidad.

El Departamento Vera, Las Colonias, las localidades de Moisesville, declarado Primer Poblado Histórico de la Provincia por la Comisión Nacional de Museos Monumentos y Lugares Históricos, Monigotes, Las Palmeras, partes del invaluable patrimonio de lo que diera a llamarse los Gauchos Judíos, ofrecen desde estaciones ferroviarias, molinos, museos, edificios religiosos, con una gran cantidad de sinagogas en cada una de estos poblados reconocidos por la Secretaría de la Cultura de Nación.

Las localidades de Gálvez, San Jorge, San Carlos Sur-Centro y Norte, Las Tunas, San Jerónimo Norte, San Martín de las Escobas, San Jerónimo del Sauce, Esperanza, Humboldt, San Agustín, Rafaela, Vila, y muchas más son parte de este riquísimo Patrimonio Provincial y forman parte del Corredor o Ruta de la Colonización.

Sinagoga de la Congregación Israelita Barón Hirsch. Fundada en 1889 cuando se asentuaron los primeros colonos en el lugar. Este edificio fue refaccionado en 1927.
Fuente: Programa Shalom Argentina, de la Secretaría de Turismo de la Nación.

Plano de Atractivos del Circuito:
Moisés Ville, Palacios, Las Palmeras y Monigotes.

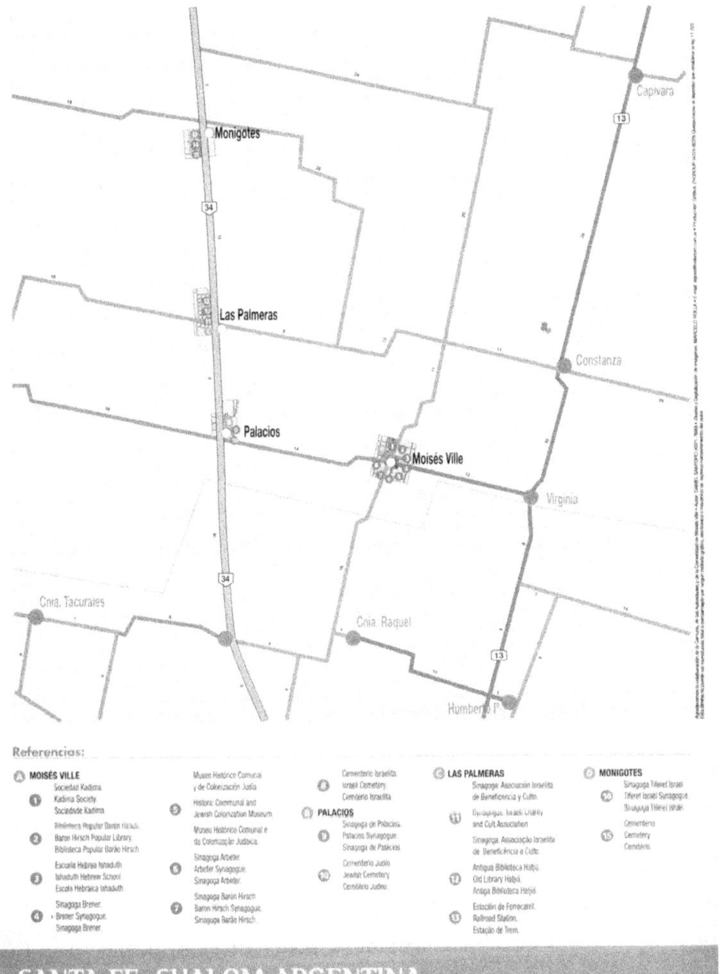

Referencias:

MOISÉS VILLE

1. Sociedad Kadima
   Kadima Society
   Sociedade Kadima

2. Biblioteca Popular Barón Hirsch.
   Baron Hirsch Popular Library.
   Biblioteca Popular Barão Hirsch

3. Escuela Hebrea Ishaduth
   Ishaduth Hebrew School
   Escola Hebraica Ishaduth

4. Sinagoga Brener.
   Brener Synagogue.
   Sinagoga Brener

5. Museo Histórico Comunal y de Colonización Judía
   Historic Communal and Jewish Colonization Museum
   Museu Histórico Comunal e da Colonização Judaica.

6. Sinagoga Arbeter.
   Arbeter Synagogue.
   Sinagoga Arbeter.

7. Sinagoga Barón Hirsch
   Baron Hirsch Synagogue.
   Sinagoga Barão Hirsch.

8. Cementerio Israelita.
   Israeli Cemetery.
   Cemitério Israelita

PALACIOS

9. Sinagoga de Palacios.
   Palacios Synagogue.
   Sinagoga de Palacios

10. Cementerio Judío
    Jewish Cemetery
    Cemitério Judeu.

LAS PALMERAS

Sinagoga: Asociación Israelita de Beneficencia y Culto.

11. Synagogue: Israeli Charity and Cult Association
    Sinagoga: Associação Israelita de Beneficência e Culto.

12. Antigua Biblioteca Halpá.
    Old Library Halpá.
    Antiga Biblioteca Helpá.

13. Estación de Ferrocarril.
    Railroad Station.
    Estação de Trem.

MONIGOTES

14. Sinagoga Tiferet Israel
    Tiferet Israel Synagogue.
    Sinagoga Tiferet Israel

15. Cementerio
    Cemetery
    Cemitério.

Mapa de uno de los recorridos de la Ruta de la Colonización (en este caso la Jewish Colonization Association, adquiridas por el el Barón Mauricio Hirsch desde 1889 circa en adelante).
Fuente: Programa Shalom Argentina, de la Secretaría de Turismo de la Nación.

5. La Ruta del Tanino

Partiendo desde Santa Fe y siguiendo la Ruta Nac. 11 hacia el norte, se hallan desde antiguas estancias, colonias, pueblos de Indios, y los mojones de la industria taninera hasta llegar al territorio que "La Forestal" ocupó en la Provincia, que muestra una particular arquitectura, al mismo tiempo que su efecto devastador. Esto se completa con lagunas de notable belleza natural y el patrimonio arquitectónico inglés trasladado desde lo residencial hasta los ricos yacimientos de patrimonio industrial, únicos en el país.

Las localidades de Vera y Pintado, Luis de Abreu, La Gallareta, Margarita, Tacuarendí, San Antonio de Obligado, Las Toscas, etc., conforman una línea interna que nace casi paralela a la terminación del Camino de la Costa y concluye en el límite con la Provincia del Chaco.

Cabe aclarar que este proyecto de la Ruta del Tanino ya tiene estudios precisos realizados entre otros por investigadores de la Universidad Nacional del Litoral, y que los mismos se han presentado en Congresos de la temática.

Patrimonio Cultural y Turístico como factores de desarrollo

El interés de un público cada vez mas sensibilizado por el patrimonio cultural y medioambiental, plantea nuevas necesidades y caminos, en el marco de una sociedad que tiende a orientar el tiempo libre hacia la formación del individuo y el conocimiento del entorno.

El aumento del ocio, la especialización del Turismo, el incremento del consumo y la demanda de nuevos servicios culturales

Las Gamas

Las Gamas, una construcción de este Pueblo siendo parte del Camino del Quebracho, pueblo forestal del norte de nuestra Provincia, nacido a principios del 1900.
Fuente: Secretaría Gabinete del Gobierno de la Provincia de Santa Fe.

Hora de almuerzo de los empleados de una fábrica de tanino - 1930

Foto de la época de los operarios de la Fábrica de tanino, 1930.
Fuente: Secretaría Gabinete del Gobierno de la Provincia de Santa Fe.

están provocando una transformación en un sector que hasta el momento se había caracterizado por una oferta deficiente. En la actualidad, el patrimonio participa de una dinámica cultural mucho más activa y actualizada. Además el mismo toma una nueva dimensión económica, social y ocupacional que lo convierte en un motor para el desarrollo local y regional. Sin dejar de manifestar en el amplio concepto de cultura los valores del patrimonio que se registran en la arquitectura, el urbanismo, las instalaciones productivas, portuarias, de estancias; así como artísticos, etnográficos, arqueológicos, tangibles e intangibles, etc. Por lo expuesto, podemos establecer un tentativo desarrollo de temas para el Proyecto:

·El desarrollo en el medio rural.
·Patrimonio y turismo como estrategias de desarrollo (económico-culturales).
·Turismo y desarrollo sostenible.
·Los componentes de un producto turístico.
·Los Corredor/es Histórico/s de Santa Fe.
·La investigación, metodología del trabajo, análisis de la documentación, etc…
·El actual desarrollo turístico-cultural en la Pcia. de Santa Fe.
·Declaratorias arquitectónicas, conjuntos históricos, declaratorias urbanísticas, monumentos históricos nacionales, provinciales, municipales, etc.
·Desarrollo de un Plan Estratégico. Metodología, calendario y presupuesto.

A modo explicativo, sintéticamente presentamos algunos de ellos para su mejor comprensión.

El Desarrollo en el Medio Rural

La Provincia de Santa Fe, por sus índices de producción y por su aporte al Producto Global de la República Argentina, se constituye en todo sentido, en una de las más importantes provincias del país, ejemplo de la agricultura pampeana, siendo una reserva de escala mundial de recursos naturales invalorables, el valor económico del agua, fuente de vida y salud de los pueblos.

Desde una posición de desarrollo sostenible, el crecimiento sistémico de las zonas rurales debe ser caracterizado por políticas de ordenamiento territorial, promoviendo variadas actividades económicas, sin dejar de ser sostenido el sector agrícola, estimulando también las actividades como las artesanías, manifestaciones artísticas, la producción a gran escala y la familiar, la transformación y comercialización de productos agrícolas, el turismo rural en todas sus variantes, creación de PYMES, teletrabajo, formación de programas, etc.

El Patrimonio como Recurso Natural

En los últimos años, a nivel internacional asistimos a la ampliación del campo cultural patrimonial, que además de los monumentos, museos, edificios religiosos, etc., se extiende a yacimientos arqueológicos o industriales y al saber hacer (de todos ellos se tiene ejemplos en nuestra región).

El patrimonio es un testimonio concreto, material y cercano y, sobre todo, es testigo de la historia, de las costumbres, la prueba de su permanencia a través del tiempo. Su cualidad esencial reside en su adaptación, gracias a una respuesta individual y colectiva apropiada. Testigo también del hombre en su entorno, en su medio, patrimonio representativo de distintas variables como el gusto, la belleza, la moda, todo es reflejo de la identidad que caracteriza a nuestras ciudades post industriales, eclécticas. En esta época de diversificación de recursos económicos y del notable crecimiento del turismo (local, extranjero, nacional, regional y educacional) se vive todo esto no solo produciendo beneficios directos, sino también indirectos como alojamientos, servicios, transportes, alimentación, etc. Además este Proyecto participa activamente de la puesta en valor y de la rehabilitación, de todas estas actividades culturales y sus servicios, como nuevos escenarios productivos. Entre los nuevos factores que se vinculan a la industria cultural, daré principal atención a la industria turística. Esta industria en ascenso permanente en nuestro país cada vez con más experiencia, también más escolarizada la clientela, sensibles con respecto a valores como la ecología, lo arquitectónico, lo artístico, lo cultural intangible, ampliando el tema a la pesca, la caza legalizada, etc.

Es por ello que definimos una Promoción Turística y Desarrollo Sostenible. Para evitar el riesgo de la no sustentabilidad hay que prever un crecimiento controlado de los factores de desarrollo, evitando la generación de externalidades negativas que puede provocar un determinado tipo de turismo, por ejemplo, los daños causados en lo acuífero, ocasionados por una sobreexplotación del agua, o el deterioro y destrucción del patrimonio artístico por fomentar su visita sin prever su preservación.

Para reafirmar estos conceptos se tiende a establecer las bases para la elaboración de un Plan Estratégico Provincial, que contemple la idea base de la planificación y promoción integrada, con vista a los atractivos turísticos-culturales, en el llamado "Corredor Histórico de Santa Fe", que se apuntala en cuatro pilares o intereses fundamentales, todo ello sostenido en una estrategia de comunicación hacia los públicos potenciales:

·La conservación, revalorización y difusión del patrimonio histórico-artístico, incluyéndose aquí lo arquitectónico, urbanístico, etc.

·La conservación y la mejora del entorno rural y del patrimonio natural.

·El mantenimiento y desarrollo de un sector turístico moderno y eficaz como uno de los puntales económicos.

·El respeto y el soporte al bienestar social, cultural y económico de los habitantes de la zona, como la mejora de infraestructuras, puestas en valor, etc.

Entre los componentes de este producto turístico-global, se observa la necesidad de armar un sistema servicio-empleo-producto que va desde las señalizaciones homogéneas, con la información adecuada al tipo de oferta, mecanismos de interpretación y presentación del patrimonio, canales de distribución de la información, hasta las recuperaciones, restauraciones, rehabilitaciones y puestas en valor, como el aumento y creación de servicios, etc. Es decir, que el acondicionamiento de un territorio para el desarrollo turístico global consiste en un proceso de transformación de los recursos disponibles en productos turísticos. Y este proceso se garantiza con la comunicación de la oferta, la mediación de los recursos y la explotación económica.

La primera operación consiste en dar a conocer la existencia de un producto preparado para el consumo. Es necesario definir correctamente los canales de difusión de ese producto, adecuar la oferta a la demanda y hacerla llegar por los medios adecuados.

La mediación consiste en proveer los dispositivos adecuados, que va desde el derecho de entrada, los interpretadores y esto no solo engloba a lo monumental o de sitio, sino que también conlleva los servicios de comida-restaurants, alojamientos, etc.

La explotación está orientada al factor de rentabilidad para la empresa y para la población local, definiendo los sistemas para el aprovechamiento del recurso turístico, la venta de bienes y servicios, desde la restauración, packaging, alojamientos, libros, souvenires, etc.

Para culminar esta gestión se propone también una Puesta en Marcha de dos Proyectos Educativos y de Formación en la provincia de Santa Fe: el "Centro de Formación Profesional del medio rural" y la "Escuela de Patrimonio y de Ingeniería Cultural". Esta propuesta, que también se retroalimenta y se nutre de lo manifestado en el proyecto general. A modo de anticipo, ya que esto será motivo de otro estudio, el Centro de FPMR podría organizarse en tres grandes módulos: el de Formación empresarial, el de Formación general y el de Formación escolástica de grado. En la EPIC, cursos y seminarios a nivel universitario, post-universitario y de divulgación y Escuela de restauro análisis será motivo de otro estudio, en otra oportunidad.

Bibliografía y fuentes

Comercio, Inversiones, Sustentabilidad. Dr. Miguel Sánchez. PAS-Dic. 2003-Buenos Aires.

Revista América del Centro de Estudios Hispanoamericanos 2004 y 2005. ISBN Nro. 0329-0212.

Documentos y Estudios realizados para la Agencia Española AGIR, de Gestión e Ingeniería Rural. 1997, 1998, 2003 y 2004.

Archivo Histórico Provincial, Banco de datos, F. Paucke.

Referencia de los autores

Bibiana Cicutti, Doctora en Arquitectura, desarrolló su tesis sobre la relación entre las representaciones y las transformaciones materiales del frente costero de Rosario (*Registros urbanos de una modernidad periférica*, Buenos Aires, Nobuko, 2007). Es investigadora y profesora de Historia de la Arquitectura y del Arte en las Facultades de Arquitectura y Humanidades y Artes de la UNR.

Roberto Kawano, Arquitecto, Doctor por la Universidad de Valladolid, en su tesis abordó el tema de la relación entre idea de ciudad y trazado ortogonal (*Retícula, cultura y ciudad*, Buenos Aires, Nobuko, en preparación). Es Secretario de Investigación y Posgrado, investigador y profesor en el área urbanística de la FAPyD, UNR y FADU de la UNL.

Bibiana Ponzini, arquitecta, es investigadora y docente de Historia de la Arquitectura en la Facultad de Arquitectura, Planeamiento y Diseño de la UNR. En la actualidad codirige el proyecto "La cartografía como género discursivo: Representaciones y transformaciones de la ciudad en los planos de Rosario (1852-1935)". Ha publicado artículos en libros y revistas especializadas y participado de numerosos congresos y seminarios nacionales e internacionales.

Jorge Español, arquitecto, investigador y docente de Historia de la Arquitectura en la Facultad de Arquitectura, Planeamiento y Diseño de la UNR. Participa regularmente de eventos y publicaciones sobre la especialidad.

Andrea Basso, arquitecta, investigadora y docente de Historia de la Arquitectura en la Facultad de Arquitectura, Planeamiento y Diseño de la UNR. Incursiona en el diseño gráfico acreditando trabajos de sistematización y compilación de documentos cartográficos y participado en publicaciones afines.

Miguel Garrofé, arquitecto, investigador y docente de Historia de la Arquitectura en la Facultad de Arquitectura, Planeamiento y Diseño de la UNR. Participa regularmente de eventos y publicaciones sobre la especialidad.

Gabriel Asorey, arquitecto. Ha trabajado en temas de gestión de la preservación del patrimonio. Es investigador y docente de Historia de la Arquitectura en la Facultad de Arquitectura, Planeamiento y Diseño de la UNR.